Una Justicia al Servicio de las Libertades

COORDINADORA

Teresa Maria Geraldes Da Cunha Lopes

AUTORES

Teresa Maria Geraldes Da Cunha Lopes; Alejandro Díaz Pérez; Ricardo García Mora, Ignacio Hurtado Gómez

Proyecto CIC / CIJUS
2019

Título : Una Justicia al Servicio de las Libertades
Coordinadora: Teresa Maria Geraldes Da Cunha Lopes
Autores: Teresa Maria Geraldes Da Cunha Lopes, Alejandro díaz Pérez, Ricardo García Mora, Ignacio Hurtado Gómez
Arbitraje externo: CEDEGS /UV
Fecha de publicación : 20 noviembre 2019
Editorial: KDP /ANAZON BOOKS
1ª Edición
ISBN: **ISBN:** 9781659303315

DEDICATORIA

Dedicado a los defensores de los Derechos Humanos , luchadores por la Justicia , por la Equidad , y por un Mundo mejor.

.

ÍNDICE DE CONTENIDO

AGRADECIMIENTOS

Agradezco a los autores que han contribuido a la realización de este libro colectivo: Alejandro Díaz Pérez; Ricardo García Mora, Ignacio Hurtado Gómez.

.

CAPÍTULO I

Cuando el Derecho transforma la Sociedad .Análisis de los Criterios de la Sentencia Obergefell vs. Hodges[1]

(When the Law transforms the Society. Analysis of the Criteria of the Obergefell Judgment v. Hodges)

Teresa Maria Geraldes Da Cunha Lopes[2]

Resumen: En la histórica sentencia de la Suprema Corte de EUA sobre la constitucionalidad del matrimonio gay, el juez Kennedy señala a "cuatro principios y tradiciones", argumentos jurisprudenciales que analizamos en este capítulo y que demuestran que el matrimonio es un derecho fundamental en la Constitución y que estos criterios se aplican con igual fuerza a las parejas del mismo sexo, bajo el principio fundamental del reconocimiento de la misma dignidad ante la ley. En

---

[1] Este capítulo nació de una ponencia impartida en la AMICI
[2] Profesora-Investigadora de la UMSNH, adscrita a la Facultad de Derecho y Ciencias Sociales y al Centro de Investigaciones Jurídicas y Sociales. SIN I, Perfil PRODEP. Presidenta Academia de Sistemas Jurídicos Comparados . tdacunhalopes@gmail.com

1

consecuencia, la eliminación de la discriminación existente entre parejas heterosexuales y parejas del mismo sexo, no altera la naturaleza de la institución jurídica del matrimonio , ni su función social .

Palabras-Clave: equidad, matrimonio gay, suprema corte, sentencia, Juez Kennedy, criterios jurisprudenciales

Summary: In the historic ruling of the US Supreme Court on the constitutionality of gay marriage, Judge Kennedy points to "four principles and traditions," jurisprudential arguments that we analyze in this paper and that demonstrate that marriage is a fundamental right in the Constitution and that these criteria apply with equal force to same-sex couples, under the fundamental principle of recognition of the same dignity before the law. Consequently, the elimination of discrimination between heterosexual couples and same-sex couples does not alter the nature of the legal institution of marriage, nor its social function

Key words: Introduction; I.-The Jurisprudential Criteria of the Obergefell judgment. Hodges; II.-Final Reflections; Bibliographic references

Sumario: Introducción; I.-Los Criterios Jurisprudenciales de la sentencia Obergefell vs. Hodges; II.-Reflexiones Finales ; Referencias Bibliográficas

"Piden bajo la Ley, la misma Dignidad"
(They ask for equal dignity under the Law")
Anthony M. Kennedy , Juez Suprema Corte EE.UU

Introducción

Uno de los más bellos párrafos sobre el matrimonio lo escribió el Juez Anthony Kennedy (un Juez fuertemente conservador) en la opinión que sirvió de base para la sentencia que defiende y reconoce al matrimonio gay como un derecho fundamental y, por ende constitucional, en todo el territorio de Estados-Unidos (Weissmann:2015) . Confieso que por momentos me emocioné y lloré. Y, esto no es algo que me pasa, normalmente, al leer el texto frío, racional y jurídico, típico del lenguaje técnico del derecho y, que es propio de una sentencia.

Este es un texto diferente. Un texto en que el lenguaje jurídico está revestido de la emoción del supremo bien de hacer justicia. Es un texto en que reconozco la pura grandeza doctrinal y la pluma de un grande jurista . Me permito citar el último párrafo:

3

" *No union is more profound than marriage, for it embodies the highest ideals of love, fidelity, devotion, sacrifice, and family. In forming a marital union, two people become something greater than once they were. As some of the petitioners in these cases demonstrate, marriage embodies a love that may endure even past death. It would misunderstand these men and women to say they disrespect the idea of marriage. Their plea is that they do respect it, respect it so deeply that they seek to find its fulfillment for themselves. Their hope is not to be condemned to live in loneliness, excluded from one of civilization's oldest institutions. They ask for equal dignity in the eyes of the law. The Constitution grants them that right.*" (Kennedy: Obergefell *v.* Hodges, 2015).

En la opinión que votan 5 de los 9 nueves jueces de la Suprema Corte estadounidense en el caso Obergefell vs. Hodges , el Juez Kennedy señala que la Suprema Corte ha reiteradamente afirmado que el matrimonio es un derecho fundamental, y que en esta posición doctrinal se combinan los intereses del derecho al debido proceso con las preocupaciones de la igualdad de protección.

Así siendo, argumenta Kennedy, la Corte no puede tomar otra posición que la de reconocer que los defensores de la protección constitucional para el matrimonio gay, obligatoriamente tienen que ganar, porque éstos, solo ""*piden bajo la Ley, la misma Dignidad* " .

El análisis de la opinión de Kennedy arroja algunas lecturas interesantes sobre la hebra argumentativa y criterios jurisprudenciales de la sentencia sobre la constitucionalidad del matrimonio entre personas del mismo sexo. Básicamente, la histórica sentencia Obergefell v. Hodges del 26 de junio 2015, establece que las parejas homosexuales tienen el mismo derecho constitucional a tener sus matrimonios reconocidos por los estados (gobierno) como los heterosexuales y que la eliminación de esta discriminación no altera la naturaleza de la institución jurídico ni el fundamento social sobre el cual se basa el contrato fundador de la Nación.

I.-Los Criterios Jurisprudenciales de la sentencia Obergefell vs. Hodges

Al escribir la opinión de la mayoría, Kennedy señala a "cuatro principios y tradiciones", argumentos jurisprudenciales (mismos que analizamos en esta ponencia) y que demuestran que el matrimonio es un derecho fundamental en la Constitución. Así siendo, los 4 criterios establecidos por la jurisprudencia del caso

Obergefell vs. Hodges, se aplican con igual fuerza a las parejas del mismo sexo, bajo el principio fundamental, ya arriba referido, del reconocimiento de la misma dignidad ante la ley.

1.-**El primer principio es el de la autonomía individual.** La primera "tradición" discutida contiene mi cita favorita (hasta el momento,) que tiene que ver con la libertad y no en tratar de deslumbrar con retórica. "El derecho a la elección personal con respecto al matrimonio es inherente al concepto de la autonomía individual ("The right to personal choice regarding marriage is inherent in the concept of individual autonomy.") Y continúa: "Al igual que las opciones relativas a la contracepción, relaciones familiares, la procreación y educación de los hijos, todos las cuales están protegidas por la Constitución, las decisiones sobre el matrimonio están en el grupo de las más íntimas que un individuo puede hacer." Kennedy, recuerda, al final de esta sección del texto, a la sentencia Loving en que se afirma que el derecho a casarse o no casarse o, no casarse con una persona de otra raza, "reside en el individuo y no puede ser vulnerado por el Estado." ("resides within the individual and cannot be infringed by the State." (Kennedy: op.cit, 2015).

2.-El segundo Principio es el derecho a la asociación

íntima ("Right to intimate association"). Kennedy escribe que el matrimonio es un derecho fundamental porque "es compatible con la unión de dos personas como ninguna otra en su importancia para individuos comprometidos." Kennedy está retomando un argumento importante, el principio del derecho a la intimidad inscrito en la sentencia Griswold vs Connecticut . En Griswold vs Connecticut, la Corte afirmó el derecho de las parejas casadas a usar métodos anticonceptivos y que a los presos no se les puede negar el derecho a casarse.

En esencia, de una manera compleja y tal vez no evidente para el no jurista, Kennedy está diciendo simplemente que las personas homosexuales deberían poder casarse porque, bueno, quieren estar casadas entre sí: "El matrimonio responde al miedo universal que una persona sola tiene de que cuando llama por auxilio (call out) descubre que no tiene a nadie. Ofrece la esperanza de compañerismo y comprensión y, la garantía de que, mientras ambos viven siempre habrá alguien para cuidar a la otra " ("Marriage responds to the universal fear that a lonely person might call out only to find no one there. It offers the hope of companionship and understanding and assurance that while both still live there will be someone to care for the other.").

3.-**El tercer principio es el principio de la defensa constitucional de la familia** consistente en salvaguardar los niños y las familias.. Me gustaría que los conservadores mexicanos analicen y recaben las enseñanzas de este conservador norteamericano. El matrimonio universal , igualitario, no debilita, al revés fortalece a las familias.

Los precedentes judiciales anteriores, recuerda Kennedy, han declarado que : "El derecho a 'casarse, establecer un hogar y criar a los niños es una parte central de la libertad protegida por la cláusula del debido proceso." Kennedy señala que muchos estados han permitido que las parejas homosexuales adopten a menores, proporcionando "una confirmación poderosa de la misma ley que las parejas de gays y lesbianas pueden crear familias amorosas y de apoyo." ("powerful confirmation from the law itself that gay and lesbian couples can create loving, supportive families.") Señala que cuando los Estados se niegan a reconocer los matrimonios de parejas homosexuales, los niños son los que sufren ya "que también sufren los costos materiales significativos de ser criados por padres solteros, relegados por causas ajenas a su persona para una vida familiar más difícil e incierta. Las leyes sobre el matrimonio aquí cuestionadas dañan y humillan a los hijos de parejas del mismo sexo "("they also suffer the significant material costs of being raised by unmarried parents, relegated through no fault of their own to a more difficult and uncertain family life. The marriage laws at issue here thus harm and humiliate the children of same-sex couples.") .

Pero Kennedy también señala, que si las parejas deciden tener hijos no debe ser este elemento un requisito previo para el matrimonio tampoco, porque esa no es la norma para el reconocimiento del matrimonio heterosexual.

4.-El Cuarto Principio es el del matrimonio como fundamento del orden social estadounidense. Kennedy (Kennedy :2015)reconoce lo que muchos conservadores sociales dicen sobre el matrimonio, que este es parte (fundamental) de la base de la estructura social de los Estados Unidos (de las sociedades modernas, podríamos nosotros argumentar). Es interesante el uso en la sentencia Obergefell vs.Hodges, de la observación histórica de Alex de Tocqueville que "Ciertamente no hay país en el mundo donde el lazo del matrimonio es tanto respetado como en América " (**Democracy in America 309 (H. Reeve transl., rev. ed. 1990)** y, la decisión Maynard v. Hill en que se declara que el matrimonio es" el fundamento de la familia y de la sociedad " (*Maynard* v. *Hill*, 125 U. S. 190, 211 (1888).

Pero, el Juez Kennedy trae todo esto como una forma de llegar a la realidad social actual (y una de las fuentes del derecho es la fuente real). Si la sociedad cambia, las leyes cambian bajo el nuevo paradigma. No existe un derecho estático porque las sociedades no son estáticas, sí dinámicas. Además, existe una realidad y esta es que el gobierno federal y estatal ha atado toda una serie de derechos, beneficios y responsabilidades para con el estado civil.(Eskridge: 1996)

Llega, entonces, a la conclusión de que no hay diferencia entre parejas del mismo sexo y del sexo opuesto en lo que respecta a este principio: "Las parejas del mismo sexo están obligadas, constreñidas a una inestabilidad que muchas parejas de distinto sexo considerarían intolerables Como el propio Estado hace del matrimonio un bien jurídico aún más precioso por la importancia que concede al mismo, la exclusión de este status tiene el efecto de enseñar que los gays y las lesbianas son desiguales en aspectos importantes. Se degrada a los gays y lesbianas cuando el Estado los encierra fuera de una institución central en la sociedad de la Nación.

La limitación del matrimonio a las parejas de distinto sexo siempre puede haber parecido natural y justa, pero su incompatibilidad con el significado central del derecho fundamental a contraer matrimonio es ahora manifiesta. Con ese conocimiento debe llegar el reconocimiento de que las leyes de exclusión de las parejas del mismo sexo del matrimonio impone estigma y lesiones del tipo prohibido por nuestra Carta " ("Same-sex couples are consigned to an instability many opposite-sex couples would deem intolerable. As the state itself makes marriage all the more precious by the significance it attaches to it, exclusion from that status has the effect of teaching that gays and lesbians are unequal in important respects. It demeans gays and lesbians for the State to lock them out of a central institution in the Nation's society. … The limitation of marriage to opposite-sex couples may long have seemed natural and just, but its inconsistency with the central meaning of the fundamental right to marry is now manifest. With that knowledge must come the recognition that laws excluding same-sex couples from the marriage right impose stigma and injury of the kind prohibited by our charter.").

Aquí, también responde a los defensores de la prohibición que continúan afirmando que las parejas homosexuales están tratando de crear un "nuevo" derecho al matrimonio entre personas del mismo sexo.

Kennedy es muy claro al responder que encuentra tal afirmación incoherente y en desacuerdo con los criterios jurisprudenciales, bajo los cuales, el Tribunal Supremo ha abordado el tema en otras otras resoluciones relacionadas con el matrimonio. Por ejemplo: en Loving vs. Virginia no identificó un "nuevo" derecho al matrimonio interracial. Más bien, se puso fin a la práctica de la "exclusión de una clase ." O sea, se eliminó una discriminación contra un grupo.

Kennedy escribe : "Según la Constitución, las parejas del mismo sexo en el matrimonio buscan el mismo trato jurídico que las parejas del sexo opuesto, y sería menospreciar a sus elecciones y disminuir su personalidad negarles este derecho." ("Under the Constitution, same-sex couples seek in marriage the same legal treatment as opposite sex couples, and it would disparage their choices and diminish their personhood to deny them this right.")

II.-Reflexiones Finales

Finalmente, y a a manera de reflexiones finales, hay que resaltar la manera como Kennedy se distancia de la doctrina tradicional.

Según la doctrina tradicional, defendida por los jueces conservadores contra los garantistas, incluso cuando un derecho fundamental está involucrado y se aplica un criterio jurisprudencial estricto ya sea bajo la misma protección o bajo el principio del derecho al debido proceso, se puede argumentar que los estados pueden restringir el ejercicio de los derechos fundamentales, siempre y cuando hagan la demostración que tienen un interés legítimo y urgente en infringir el derecho fundamental, y que la infracción está estrechamente adaptada a promover ese interés apremiante.

Kennedy, sin embargo, nunca invoca la prueba del interés apremiante. De hecho, la frase "interés apremiante" (compelling interés) no aparece en su opinión en absoluto. Muchos comentaristas hablan de la sorprendente posición de Kennedy y de cómo un conservador puede reunir los 5 votos necesarios para declarar como constitucional el matrimonio gay. Yo confieso que no sentí ningún tipo de sorpresa.

Al revés, esta opinión y la sentencia final que se basa en el texto redactado por la ponencia de Kennedy eran previsibles. Se enmarcan, como un todo, en la línea histórica de las opiniones anteriores de Kennedy en casos como el de Estados Unidos v. Windsor, Lawrence v. Texas, Romer v. Evans, y Planned Parenthood v. Casey, donde el Juez Anthony M. Kennedy básicamente ha ignorado el escrutinio de la dicotomía "base racional / interpretación estricta "y el equilibrio entre libertad y la defensa de la equidad contra los "intereses" reclamados por los estados. Pero, también son la señal de un cambio de paradigma jurídico global, ya que está enmarcada en el "cosmopolitismo" de las nuevas "culturas jurídicas" y en el paradigma vigente del bloque internacional de los derechos humanos (Dondé Matute: 2009), que son particularmente evidentes en la formulación de los criterios jurisprudenciales de las Supremas Cortes y Tribunales Constitucionales y, que sentencia a sentencia, están diseñando, de facto, tendencias globalizadas y globalizantes que uniformizan las decisiones de los jueces al interior de sub-sistemas con tradiciones jurídicas diversas. Así, la sentencia Obergefell vs. Hodges no se diferencia de las sentencias de nuestra SCJN en la materia .

El voto disidente del Juez Presidente Roberts se basa en Lochner v. New York como un caso anti-canónico en un crudo ejercicio, históricamente inexacto. No puedo expresar la decepción que sentencia a sentencia, este último año, he sufrido con las opiniones del Juez Presidente Roberts. Un Juez que parecía ser destinado a la historia, que venía con un perfil de un nuevo Thurgood Marshall y que se ha revelado como una mediocridad doctrinal, fruto del miedo a crear derecho. No sólo ha debilitado la Corte, pero ha debilitado al ala conservadora.

Felizmente que todavía contamos con la Juez Ginsburg (Liberal) cuyo trabajo monumental rescata a toda esta última época y que parece tener una digna sucesora en la Juez Sonia Sotomayor . Pero, regresemos a la sentencia de hoy y analicemos la referencia a Lochner v. New York .

No niego que la referencia de Roberts a este caso parece hacer sentido y que el punto central de la argumentación, en la opinión redactada por Kennedy, en efecto, se remonta genealógicamente a la llamada "era Lochner". Pero, hay que contextualizar el momento de producción histórica de la sentencia "Lochner" , algo que Roberts no hace. Los tribunales en esos días, sobre todo en la primera parte de "la era Lochner", invocan con frecuencia el principio de" igual protección" y el "debido proceso", conceptos que usan casi indistintamente. La cuestión clave no era si algún concepto específico del debido proceso o la igualdad de protección había sido violado, pero si el gobierno había justificado "su violación" de los derechos de la ciudadanía, mediante la invocación de un "interés legítimo" del estado. En otras palabras, era la ley en cuestión un ejercicio arbitrario o justificada de poder del gobierno.

En aquellos días, la frase " de interés legítimo del estado (gobierno)" era un "código", una clave, para defender el "poder de la policía", que en la práctica era bastante amplio, incluyendo las regulaciones gubernamentales destinadas a mejorar la salud pública, la seguridad, y esto es importante, la moral.

Kennedy adopta una prueba de equilibrio similar, pero por un lado, da un mayor peso a los derechos individuales cuando cree que una ley está motivada tanto por "animus" (¿si, se recuerdan de sus clases del viejo derecho romano : "animus et intentio"?) o infringe en lo que considera un derecho fundamental (o ambos) y, por otro lado, tiene una estrecha definición del poder de policía, en particular, con exclusión de las "consideraciones de moral" que no pueden ser r consideradas como " legítimos intereses del gobierno".

Aquí, una de las cuestiones doctrinales interesantes, de cara al futuro , es saber si la opinión de Kennedy señala la sentencia de muerte del debate entre "debido proceso / protección jurisprudencial", tal como lo hemos conocido (y seguido) a lo largo de los últimos 50 años , o si el Tribunal lo hará, únicamente, para las decisiones que se limitan a los derechos de la comunidad LGTTTI .

Referencias Bibliográficas

Bibliografía y Fuentes Electrónicas

Archivos del caso Obergefell v. Hodges , blog institucional de   SCOTUS   ,   http://www.scotusblog.com/casefiles/cases/obergefell-v-hodges/

Eskridge, William N. *The case for same-sex marriage: From sexual liberty to civilized commitment*. Free Press, 1996.

Kennedy, Anthony. Obergefell vs Hodges. Opinion of the Court , consultado el 26 de junio 2015 en la dirección http://www.supremecourt.gov/opinions/14pdf/14-556_3204.pdf

Weissmann, Jordan. The Beautiful Closing Paragraph of Justice Kennedy' on Marriage Ruling, The Slate, consultado el día 26 junio 2015 en la dirección http://www.slate.com/blogs/the_slatest/2015/06/26/supreme_court_legalizes_gay_marriage_here_is_the_beautiful_last_paragraph.html

Legisgrafía

Engroses   Caso   Obergefell   vs   Hodges, https://www.glad.org/cases/deboer-v-snyder/

Teresa Maria Geraldes Da Cunha Lopes (Coordinadora)

CAPÍTULO II

Apuntes jurisprudenciales: la sentencia del Caso Cuscul Piraval y otros Vs. Guatemala, emitida por la Corte Interamericana de Derechos Humanos.

(Jurisprudential notes: the judgment of the *Case Cuscul Piraval et al v. Guatemala*, issued by the Inter-American Court of Human Rights.)

Alejandro Díaz Pérez[3]

Resumen. La sentencia del caso *Cuscul Piraval y otros Vs. Guatemala,* emitida por la Corte Interamericana de Derechos Humanos representa la primera condena específica al principio de progresividad. Sin embargo, este avance sustancial en la justiciabilidad de los derechos económicos, sociales y culturales, está acompañado de enormes desafíos para el sistema interamericano que aún debe sortear. El presente artículo reflexiona sobre dichos retos partiendo del análisis de esta importante resolución.

---

[3] Licenciado en Derecho y Ciencias Sociales, Universidad Michoacana de San Nicolás de Hidalgo. Master en Gobernanza y Derechos Humanos, Universidad Autónoma de Madrid, España. Especialista en Derechos Humanos y Master en Derecho Constitucional, Universidad de Castilla-La Mancha, España. Ex visitante profesional en la Corte Interamericana de Derechos Humanos. Twitter: @AlexDiaz_1

Palabras clave: Corte Interamericana de Derechos Humanos; sentencia; jurisprudencia; obligación de progresividad; derecho a la salud.

Abstract. The judgment in the case of *Cuscul Piraval et al v. Guatemala*, issued by the Inter-American Court of Human Rights, represents the first specific condemnation of the progressivity principle. However, this substantial advance in the justiciability of economic, social and cultural rights is accompanied by enormous challenges for the inter-American system that must still be overcome. This article reflects on these challenges based on the analysis of this important resolution.

Keywords. Inter-American Court of Human Rights, jugment, jurisprudence, obligation to progressively.

Sumario: I. Introducción; II. Pasos iniciales en la jurisprudencia interamericana sobre los DESCA; III. Sentencia del Caso Cuscul Piraval y otros Vs. Guatemala; IV. El voto parcialmente disidente del Juez Sierra Porto; V. Reflexiones finales; VI. Fuentes consultadas.

Introducción.

Los mecanismos de justiciabilidad y exigibilidad de los derechos económicos, sociales, culturales y ambientales (DESCA), han sufrido importantes transformaciones para que su concreción práctica sea efectiva.

Los avances con mayor significado sobre los DESCA, han sido construidos desde el sistema universal de derechos humanos; sin embargo, a nivel regional, tanto la Comisión Interamericana de Derechos Humanos (CIDH), como la Corte Interamericana de Derechos Humanos (Corte IDH) no habían profundizado su jurisprudencia en relación a este tipo de derechos, hasta recientemente.

A partir del fallo *Lagos del Campo vs Perú,* la Corte IDH rompió su posición predominante, en la que sostenía que los DESCA solo podían abordarse en conexidad con los derechos civiles y políticos, para transitar a una interpretación que sitúa a los derechos económicos, sociales y culturales como autónomos y directamente justiciables.

En ese contexto, el presente artículo analiza en un primer momento la forma en que se establecieron los primeros avances en la jurisprudencia de la Corte IDH sobre los DESCA, para después centrarse en abordar con detalle la argumentación desarrollada por el Tribunal Interamericano en la sentencia del caso *Cuscul Piraval y otros Vs. Guatemala,* en la cual declaró por primera vez en su historia la violación al principio de progresividad, en tanto el Estado incumplió con su obligación de desarrollo progresivo del derecho a la salud, y de forma posterior, se examinan las implicaciones generadas por el voto parcialmente disidente, formulado por el Juez Humberto Antonio Sierra Porto.

Finalmente, se reflexiona sobre los posibles aspectos que en un futuro los órganos del sistema interamericano – especialmente la Corte IDH- podrían ampliar para fortalecer la protección de los DESCA en la región de las Américas.

II. Pasos iniciales en la jurisprudencia interamericana sobre los DESCA.

Dentro del sistema interamericano, el parámetro de tutela de los órganos del sistema es la Convención Americana sobre Derechos Humanos (en adelante CADH o Convención Americana), que es un tratado que centralmente reconoce derechos civiles y políticos; sin embargo, cabe señalar que este también hace referencia a los derechos económicos, sociales y culturales.

Al respecto, el artículo 26 de la CADH prevé sobre el desarrollo progresivo de los DESCA que "[...] Los Estados Partes se comprometen a adoptar providencias, tanto a nivel interno como mediante la cooperación internacional, especialmente económica y técnica, para lograr progresivamente la plena efectividad de los derechos que se derivan de las normas económicas, sociales y sobre educación, ciencia y cultura, contenidas en la Carta de la Organización de los Estados Americanos, reformada por el Protocolo de Buenos Aires, en la medida de los recursos disponibles, por vía legislativa u otros medios apropiados".

En el mismo sentido, como parte de los avances de reconocimiento, los países de la región considerando la estrecha relación que existe entre la vigencia de los derechos económicos, sociales y culturales y la de los derechos civiles y políticos, por cuanto constituyen un todo indisoluble, adoptaron el Protocolo Adicional a la

Convención Americana sobre Derechos Humanos en materia de derechos económicos, sociales y culturales ("Protocolo de San Salvador").

Partiendo de esas referencias normativas, la Corte IDH en una aproximación inicial dotó de cierto nivel de justiciabilidad a los DESCA, principalmente por vía de conexidad con los derechos civiles. De la misma forma, al interpretar de manera amplia el contenido y alcance de las garantías judiciales (artículo 8) y la protección judicial (artículo 25) previstas en la CADH, ha considerado dimensiones de estos derechos en relación con la tutela efectiva de los derechos económicos, sociales y culturales.

Sin embargo, el paso de mayor trascendencia realizado por la Corte IDH ha sido con la Sentencia del caso *Lagos del Campo vs Perú*, en la cual por primera vez en su historia dictó una condena específica por la violación del artículo 26 de la Convención Americana, con motivo de la vulneración del derecho al trabajo, en particular de los derechos a la estabilidad laboral y de asociación.

Al analizar el fondo del caso, dicho Tribunal afirmó su competencia a la luz de la CADH y con base en el principio *iura novit curia*, para estudiar la petición inicial sobre la afectación de derechos laborales. En ese sentido, la Corte reiteró "la interdependencia e indivisibilidad existente entre los derechos civiles y políticos, y los económicos, sociales y culturales, puesto que deben ser entendidos integralmente y de forma conglobada como derechos humanos, sin jerarquía entre sí y exigibles en todos los casos ante aquellas autoridades que resulten competentes para ello"[4].

Este paso significativo, fue replicado por la Corte en las sentencias de los casos de los Trabajadores Cesados de Petroperú y otros Vs. Perú, San Miguel Sosa y otras Vs. Venezuela, Poblete Vilchis y otros Vs Chile, e inclusive reiterado en su competencia no contenciosa, con la Opinión Consultiva OC-23/17 sobre medio ambiente y derechos humanos (obligaciones estatales en relación con el medio ambiente en el marco de la protección y garantía de los derechos a la vida y a la integridad personal - interpretación y alcance de los artículos 4.1 y 5.1, en relación con los artículos 1.1 y 2 de la CADH).

III. Sentencia del Caso Cuscul Piraval y otros Vs. Guatemala.

La sentencia del caso *Cuscul Piraval y otros vs. Guatemala*[5] representa la sexta condena relacionada con los DESCA. Asimismo, en la línea jurisprudencial de la Corte IDH se instaura como *leading case* (caso líder) por ser la primera ocasión en la que se declara la violación al principio de progresividad por el incumplimiento de obligaciones

---

[4] Corte IDH. *Caso Lagos del Campo Vs. Perú. Excepciones Preliminares, Fondo, Reparaciones y Costas*. Sentencia de 31 de agosto de 2017, párr. 141.

[5] La sentencia fue notificada al Estado y hecho publica el 25 de octubre de 2018.

inmediatas y progresivas en relación al derecho a la salud.

El marco fáctico del caso, hace referencia a 34 personas que actualmente viven con el virus de inmunodeficiencia humana (VIH) en Guatemala, así como 15 personas que vivieron con el virus pero que ya fallecieron, y a sus familiares. Las víctimas eran personas de escasos recursos, contaban con baja escolaridad, y vivían en zonas alejadas de las clínicas donde debían recibir atención médica, o eran mujeres embarazadas.

La Corte IDH encontró responsable al Estado de Guatemala por violar los derechos a la salud, a la vida, a la integridad personal, a las garantías judiciales y la protección judicial de las víctimas, y determinó que el Estado cometió actos de discriminación por razón de género en contra de dos mujeres embarazadas.

Considerando lo anterior, a continuación, me centraré en la argumentación que el Tribunal Interamericano desarrolló para declarar la violación al principio de progresividad contenido en el artículo 26 de la Convención Americana, por las alegadas medidas regresivas adoptadas en detrimento de la plena efectividad del derecho a la salud para personas que viven con el VIH en Guatemala.

En una primera aproximación del análisis de justiciabilidad directa de los DESCA, la Corte Interamericana utilizó los métodos de interpretación estipulados en los artículos 31[6] y 32[7] de la Convención de Viena sobre el

---

[6] "31. Regla general de interpretación. I. Un tratado deberá interpretarse

Derecho de los Tratados, y en lo pertinente, las normas de interpretación que se desprenden del artículo 29 de la Convención Americana.

De esta forma, desplegó cuatro formas de interpretación, a saber: ii) interpretación literal, ii) interpretación sistemática, iii) interpretación teleológica, y iv) métodos complementarios de interpretación.

Sobre la interpretación literal, consideró que del texto del artículo 26 es posible afirmar que este refiere precisamente al deber de los Estados de lograr la efectividad de los derechos que sea posible derivar de la

---

de buena fe conforme al sentido corriente que haya de atribuirse a los términos del tratado en el contexto de estos y teniendo en cuenta su objeto y fin.

2. Para los efectos de la interpretación de un tratado. el contexto comprenderá, además del texto, incluidos su preámbulo y anexos:

a) todo acuerdo que se refiera al tratado y haya sido concertado entre todas las partes con motivo de la celebración del tratado:

b) todo instrumento formulado por una o más partes con motivo de la celebración del tratado y aceptado por las demás como instrumento referente al tratado;

3. Juntamente con el contexto, habrá de tenerse en cuenta:

a) todo acuerdo ulterior entre las partes acerca de la interpretación del tratado o de la aplicación de sus disposiciones:

b) toda práctica ulteriormente seguida en la aplicación del tratado por la cual conste el acuerdo de las partes acerca de la interpretación del tratado:

c) toda forma pertinente de derecho internacional aplicable en las relaciones entre las partes".

[7] "32. Medios de interpretación complementarios. Se podrán acudir a medios de interpretación complementarios, en particular a los trabajos preparatorios del tratado y a las circunstancias de su celebración, para confirmar el sentido resultante de la aplicación del artículo 31, o para determinar el sentido cuando la interpretación dada de conformidad con el artículo 31:

a) deje ambiguo u oscuro el sentido; o

b) conduzca a un resultado manifiestamente absurdo o irrazonable".

Carta de la OEA. En ese sentido, estimó que "[…] en el caso del artículo 26 implica entender que los Estados acordaron adoptar medidas con el objetivo de dar plena efectividad a los ´derechos´ reconocidos en la Carta de la OEA"[8], y en consecuencia "[…] debe ser entendido como una formulación acerca de la naturaleza de la obligación que emana de dicha norma, y no acerca de la falta de existencia de obligaciones en sentido estricto para los Estados"[9].

En relación con la interpretación sistemática, la cual hace referencia al contexto en que se ubica el artículo 26 de la Convención Americana, la Corte IDH sostuvo que al dar interpretación a un tratado no sólo se toman en cuenta las disposiciones que la integran, sino los acuerdos e instrumentos formalmente relacionados con éste, como, por ejemplo, la Declaración Americana de los Derechos y Deberes del Hombre[10].

Por ello, a juicio de la Corte "[…] la interdependencia e indivisibilidad de los derechos reconocidos por la Convención Americana niega cualquier separación, categorización o jerarquía entre derechos para efectos de su respeto, protección y garantía"[11], concluyendo que "[…] no existen elementos para considerar que, con la adopción del Protocolo de San Salvador[12], los Estados buscaron limitar la

---

[8] Corte IDH. *Caso Cuscul Pivaral y otros Vs. Guatemala*. Excepción Preliminar, Fondo, Reparaciones y Costas. Sentencia de 23 de agosto de 2018, párr. 78.
[9] *Ibídem*, párr. 79.
[10] *Ibídem*, párrs. 82 y 83.
[11] *Ibídem*, párr. 86.
[12] Esto considerando que el artículo 19.6 del Protocolo de San Salvador,

competencia del Tribunal para conocer sobre violaciones al artículo 26 de la Convención Americana"[13].

Sobre la interpretación teleológica, al analizar el propósito de las normas involucradas, en conexión con el objeto y fin del tratado mismo y los propósitos del sistema regional de protección[14], la conclusión indiscutible es que la Convención Americana tiene como objeto y fin "la protección de los derechos fundamentales de los seres humanos"[15], por tanto el reconocimiento de los DESCA sería claramente compatible con esa circunstancia.

Finalmente, en cuanto a la utilización de métodos complementarios de interpretación, la Corte IDH hizo una revisión de los trabajos preparatorios de la CADH, encontrando que había un especial énfasis en "dar a los derechos económicos, sociales y culturales la máxima protección compatible con las condiciones peculiares a la gran mayoría de los Estados Americanos"[16], por lo qué, consideró que "[...] dichas manifestaciones de los Estados no contradicen la tesis acerca de que el artículo 26 en efecto reconoce 'derechos', que están sujetos a las obligaciones generales que los Estados tienen en virtud de los artículos

---

establece límites sobre la competencia de la Corte IDH para conocer sobre violaciones a determinados derechos a través del sistema de peticiones individuales.

[13] Corte IDH. *Caso Cuscul Pivaral y otros Vs. Guatemala*. Excepción Preliminar, Fondo, Reparaciones y Costas. Sentencia de 23 de agosto de 2018, párr. 89.

[14] *Ibídem*, párr. 92.

[15] *Ídem*.

[16] Corte IDH. *Caso Cuscul Pivaral y otros Vs. Guatemala*. Excepción Preliminar, Fondo, Reparaciones y Costas. Sentencia de 23 de agosto de 2018, párr. 96.

1.1 y 2 de la Convención Americana y que, por ende, son justiciables"[17].

Una vez fijado el criterio de interpretación, la Corte Interamericana reiteró que existen dos tipos de obligaciones que derivan de los DESCA protegidos por el artículo 26: aquellas de exigibilidad inmediata, y las de realización progresiva.

Específicamente sobre la obligación de desarrollo progresivo, explicó que "[…] los Estados partes tienen la obligación concreta y constante de avanzar lo más expedita y eficazmente posible hacia la plena efectividad de dicho derecho, en la medida de sus recursos disponibles, por vía legislativa u otros medios apropiados"[18].

Además, prohíbe la inactividad del Estado en su tarea de implementar acciones para la efectiva protección de estos derechos, "sobre todo en aquellas materias donde la ausencia total de protección estatal coloca a las personas ante la inminencia de sufrir un daño a su vida o a su integridad personal"[19].

En vista de lo anterior, considerando la dimensión progresiva de protección de los DESCA, el Tribunal Interamericano consideró demostrado que el Estado de Guatemala, a pesar de contar con una serie de leyes y

---

[17] Ídem.
[18] Corte IDH. *Caso Cuscul Pivaral y otros Vs. Guatemala*. Excepción Preliminar, Fondo, Reparaciones y Costas. Sentencia de 23 de agosto de 2018, párr. 98.
[19] *Ibídem*, párr. 146.

programas diseñados para la atención de personas que viven con el VIH, no proveyó tratamiento médico antes del año 2004 para garantizar el derecho a la salud de dichas personas.

En consecuencia, la Corte concluyó que "la inacción por parte del Estado, antes del año 2004, constituyó un incumplimiento de las obligaciones estatales en materia de protección progresiva del derecho a la salud, en violación al artículo 26 de la Convención Americana"[20].

El sentido del fallo tiene una importancia central, en tanto fija con claridad que un Estado parte de la Convención, tiene que adoptar medidas en el tiempo para dotar de niveles más altos de protección a los derechos económicos, sociales, culturales y ambientales, y hasta el máximo de recursos con que disponga con especial enfoque en grupos que tienen desventaja socioeconómica o algún grado de vulnerabilidad.

Asimismo, implica que la inmovilidad de un Estado o la ausencia de mecanismos y garantías efectivas de progresividad de los derechos a nivel interno, pueden generar –por ese hecho- responsabilidad internacional.

Por otra parte, como consecuencia del fallo, la Corte determinó una serie de las siguientes medidas de reparación integral, entre las que pueden destacarse, el brindar gratuitamente tratamiento médico y psicológico a las víctimas de violaciones al derecho a la salud y la integridad

---

[20] *Ibídem*, párr. 147.

personal, y a sus familiares, adoptar medidas positivas para garantizar la accesibilidad a los centros de salud, la implementación de mecanismos de fiscalización y supervisión de los servicios de salud, el diseño de un mecanismo para mejorar la accesibilidad, disponibilidad y calidad de las prestaciones de salud para personas que viven con el VIH, incluyendo un tratamiento médico adecuado a mujeres embarazadas que viven con este padecimiento.

Cabe mencionar también, que aun y cuando el fallo de la Corte IDH puede ser considerado como una decisión que tardado en acontecer, del mismo modo puede servir como parámetro de las obligaciones para los Estados parte, que aún no han consolidado o desarrollado su normativa a nivel interno, habida cuenta, de las complejas asimetrías existentes en los DESCA a nivel continental.

IV. El voto parcialmente disidente del Juez Sierra Porto.

No obstante, la sentencia *Cuscul Piraval y otros* brinda un avance evidente, también debe considerarse que al interior de la propia Corte Interamericana, la jurisprudencia sobre los DESCA no ha gozado de un consenso unánime. En el presente caso, el Juez Humberto Antonio Sierra Porto formuló un voto parcialmente disidente, por el cual se apartó de una buena parte de los razonamientos y conclusiones a las que la Corte llegó.

Esta posición disidente, significaría al menos dos cuestiones que merecen una reflexión; por una parte, representa las dificultades prevalecientes en las interpretaciones de los alcances de las obligaciones de los DESCA en la región de las américas y su posible imprecisión en contraste con lo desarrollado en otros sistemas (como por ejemplo en el Universal, con el Pacto Internacional de Derechos Económicos, Sociales y Culturales y los observaciones generales del Comité DESC de la ONU); y por otra, las resistencias existentes aun en ciertas visiones de los derechos humanos, que se basan en tradiciones jurídicas más restringidas de los DESCA, y que representan un intento de mantener "vivo" un debate que parecía del pasado reciente (la justificación sobre la justiciabilidad y exigibilidad de los DESCA).

El voto parcialmente disidente, se centra en el análisis de fondo que realizó la Corte IDH sobre la responsabilidad internacional del Estado por la violación al derecho a la salud y al principio de progresividad. El Juez Sierra Porto, parte de la idea que el derecho a la salud al estar íntimamente vinculado a las afectaciones a los derechos a la vida e integridad personal, resulta "bastante difícil" o inclusive "imposible" discernir donde comienza el "ilícito internacional respecto de cada uno de los derechos que se declaran violados"[21], y por tanto, "innecesario" realizar un análisis autónomo de la violación al artículo 26 de la

---

[21] Corte IDH. *Caso Cuscul Pivaral y otros Vs. Guatemala.* Excepción Preliminar, Fondo, Reparaciones y Costas. Sentencia de 23 de agosto de 2018. **Voto Concurrente del Juez Humberto Antonio Sierra Porto, párr. 5.**

Convención Americana, en tanto conlleva una "duplicidad".

Al respecto, este primer argumento desarrollado en el voto es –cuanto menos- discutible. Con el extenso desarrollo existente en distintos sistemas de protección de los derechos humanos e incluso a nivel interno –no solo- en países del continente, sino de otras regiones del mundo, cuesta sostener que el derecho a la salud no guarda casi ninguna diferencia con los derechos a la vida y a la integridad (como efecto final de la violación), habida cuenta que dicha afirmación desconocería las claras distinciones entre las obligaciones "típicas" relacionadas con estos derechos civiles (obligación positiva y obligación negativa) en contraste con las de un derecho social como la salud (disponibilidad, accesibilidad, aceptabilidad y calidad).

Siguiendo con el contenido del voto, en relación a la obligación de progresividad, el Juez Sierra manifestó su desacuerdo frente a la conclusión de la Corte IDH relacionada con la "inacción estatal" (sobre el derecho a la salud de la población de personas que viven con el VIH) para determinar si se había menoscabado el contenido del artículo 26 de la Convención Americana, en tanto, a su juicio, "no se estaría vulnerando el derecho a la salud por una regresión, puesto que la infracción a la norma internacional provendría de una inacción estatal a la hora de implementar los DESCA de manera progresiva, es decir de una falta de materialización efectiva del derecho a la salud"[22].

La articulación de esta idea es bastante confusa, ya que afirma que la violación al derecho a la salud no sería tal por una "regresión", sino se trataría de una "falta de materialización" de ese derecho. Sin embargo, el argumento olvida que el deber de progresividad no solo tiene una cara "negativa", es decir, la de no generar medidas regresivas al derecho en cuestión, sino también implica una faceta "positiva" o la obligación de adoptar acciones para conseguir el disfrute más alto posible del derecho (a la salud).

Finalmente, otra cuestión que merece un análisis con detenimiento, es la posición sostenida en el voto particular sobre la forma en que la Corte ordenó "implementar mecanismos de fiscalización y supervisión de los servicios de salud, mejorar la accesibilidad, disponibilidad y calidad de las prestaciones de salud para personas que viven con el VIH"[23].

En ese sentido, el Juez refiere que dicha medida es "inflexible", considerando la existencia de un "contexto de recursos escasos" en la mayoría de los países de la región de las américas, donde prevalecen disparidades en cuanto a los recursos disponibles. Por ello, al "establecer una obligación de garantizar la provisión de antirretrovirales y la demás medicación indicada a toda persona afectada, como obligación de resultados e independiente de cualquier consideración relativa a la razonabilidad de la asignación de

---

[22] *Ibídem*, párr. 10.
[23] *Ibídem*, párr. 11.

recursos, resulta contraria a la naturaleza prestacional del derecho a la salud, así como al rol encomendado a [la] Corte por la Convención Americana"[24].

La afirmación sobre la "existencia de un contexto de escasos recursos en la región" plantea un problema inicial: esta se hace desde un nivel muy alto de abstracción. Tampoco aporta datos relevantes sobre tal contexto, como si esta conclusión fuese obvia. Asimismo, no parece tomar en cuenta que –al menos en los países democráticos- la debida garantía y respeto de los derechos humanos, sería una de las prioridades fundamentales de los Estados constitucionales contemporáneos y por ende cualquier política de gasto público debería considerar esa primacía de los derechos sobre otras actividades estatales.

En todo caso, cabe enfatizar que la noción "hasta el máximo de los recursos de que disponga" debe entenderse no sólo en relación con los recursos financieros existentes a nivel interno, sino también a los que pone a disposición del Estado la comunidad internacional mediante la cooperación y la asistencia internacionales, por lo que, cuando se afirme que un Estado no ha adoptado medidas hasta el máximo de los recursos que se disponga, debe examinarse detenidamente las medidas legislativas o de otra índole que se hayan realizado[25].

Para determinar si esas medidas son adecuadas o

---

[24] *Ibídem*, párr. 18.
[25] *Cfr.* Díaz, Alejandro. "Reflexiones sobre la protección no judicial del derecho a la salud", *Revista Latinoamericana de Derecho Social*, Núm. 28, IIJUNAM, enero-junio 2019.

razonables, el Comité DESC de la ONU, ha aclarado que debe considerase al menos lo siguiente: a) hasta qué punto las medidas adoptadas fueron deliberadas, concretas y orientadas al disfrute de los derechos económicos, sociales y culturales; b) si el Estado Parte ejerció sus facultades discrecionales de manera no discriminatoria y no arbitraria; c) si la decisión se ajustó a las normas internacionales de derechos humanos; d) en caso de que existan varias opciones en materia de normas, si el Estado se inclinó por la opción que menos limitaba los derechos reconocidos en el PIDESC; e) el marco cronológico en que se adoptaron las medidas; y f) si las medidas se adoptaron teniendo en cuenta la precaria situación de las personas y los grupos desfavorecidos y marginados, y si se dio prioridad a las situaciones graves o de riesgo[26].

En vista de lo anterior, el presente caso el Estado de Guatemala tuvo la oportunidad de exponer pruebas relacionadas sobre algún posible impedimento de sus recursos a nivel interno. Esto resulta indispensable, ya que el alegar –sin más- que un Estado "no cuenta con recursos disponibles" o suficientes para justificar cualquier incumplimiento de obligaciones de derechos humanos, vaciaría de algún modo el sentido de las mismas,

---

[26] ONU. Comité DESC. *"Declaración sobre la Evaluación de la obligación de adoptar hasta el máximo de los recursos de que disponga, de conformidad con un protocolo facultativo del Pacto"*, 21 de septiembre de 2007, párr. 8.

desnaturalizándolo a un grado tal que podría debilitar seriamente la protección de los DESCA.

V. Reflexiones finales.

Es indiscutible, la relevancia que representa para la justiciabilidad de los DESCA en las Américas, el cambio de rumbo que ha tomado la Corte Interamericana en su jurisprudencia sobre el tema.

También debe reconocerse que dicha evolución francamente ha tardado en llegar, y el sentido de los fallos se alinean a otros precedentes ya existentes en varios países de la región a nivel interno[27] o incluso tiene menor profundidad comparados con otros desarrollos de órganos internacionales de derechos humanos[28]. Sin perjuicio de lo anterior, no debe perderse de vista que el sistema interamericano se rige bajo el principio de subsidiariedad.

Por otra parte, aunque aún existen posiciones disidentes al interior del Tribunal, la posición mayoritaria ha "derrotado"

---

[27] En México a nivel interno, la Comisión Nacional de los Derechos Humanos ha emitido decisiones paradigmáticas sobre el contenido de los DESCA, especialmente sobre el derecho a la salud. Al respecto, puede consultarse la Recomendación 18/2016, caso en el que ese órgano consideró incumplidas cuatro obligaciones básicas con respecto a al derecho a la salud (disponibilidad, accesibilidad, aceptabilidad y calidad).

[28] Por ejemplo, el Comité de Derechos Económicos, Sociales y Culturales de la ONU.

y eliminado cualquier duda sobre la justiciabilidad de los DESCA en el sistema interamericano, lo que representa un triunfo jurídico y simbólico a destacar.

Pero, el reto de mayor trascendencia de la Corte IDH, en relación a su sistema de precedentes o línea jurisprudencial debe ser el fortalecimiento de otro tipo de derechos económicos, sociales y culturales, que son de especial complejidad en su desarrollo, como el derecho a vivienda adecuada[29], a la alimentación, a un nivel de vida adecuado, entre otros.

Asimismo, un aspecto interesante de la jurisprudencia, podría ser ajustar el mecanismo de razonamiento de subsunción de los derechos y realizarse a la inversa. Declarar la violación directa –por ejemplo- del derecho a la salud (cuando la circunstancia del caso lo amerite) vía el artículo 26 de la CADH, y las afectaciones que impacten en otros derechos como la vida o a la integridad se invoquen de manera subsuntiva al derecho principal (que sería un DESCA). En principio no existiría algún impedimento relevante para llevar a cabo este ejercicio de argumentación[30].

---

[29] Para una visión más amplia de los obstáculos de justiciabilidad que el derecho a una vivienda adecuada tiene tanto a nivel internacional como doméstico, puede consultarse: Díaz, Alejandro y Orizaga, Anayanssi. "Los mecanismos de exclusión al derecho a una vivienda adecuada en México". *Revista Especializada en Investigación Jurídica*, Año 3, No. 4, Centro de Investigaciones Jurídicas de la Universidad Autónoma de Ciudad Juárez, enero-junio 2019, pp. 184-206.

[30] Esto a pesar que, desde luego la parte agraviada durante el procedimiento –primero- ante la Comisión Interamericana de Derechos Humanos y –luego- ante la Corte IDH, plantea aquellos derechos

En suma, a pesar de que el avance conseguido por la sentencia del Caso *Cuscul Piraval y otros vs Guatemala,* aunado a los precedentes sobre DESCA, son centrales, aun no se han alcanzado los estándares más altos en varios de estos derechos. Su insondable fortalecimiento, constituirá uno de los avances comunitarios y civilizatorios más representativos de las sociedades contemporáneas en nuestra región americana que hoy –lamentablemente- se caracteriza por sus profundas desigualdades.

VI. Fuentes consultadas.

Díaz, Alejandro. "Reflexiones sobre la protección no judicial del derecho a la salud", *Revista Latinoamericana de Derecho Social,* Núm. 28, IIJUNAM, enero-junio 2019.

Corte IDH. *Caso Lagos del Campo Vs. Perú. Excepciones Preliminares, Fondo, Reparaciones y Costas.* Sentencia de 31 de agosto de 2017.

Corte IDH. *Caso Cuscul Pivaral y otros Vs. Guatemala.* Excepción Preliminar, Fondo, Reparaciones y Costas. Sentencia de 23 de agosto de 2018.

Corte IDH. *Caso Cuscul Pivaral y otros Vs. Guatemala.* Excepción Preliminar, Fondo, Reparaciones y Costas. Sentencia de 23 de agosto de 2018. **Voto Concurrente del Juez Humberto Antonio Sierra Porto.**

---

humanos que a su consideración le han sido lesionados, y en consecuencia dichos órganos tienen la obligación de pronunciarse sobre la procedencia de su violación.

ONU. Comité DESC. *"Declaración sobre la Evaluación de la obligación de adoptar hasta el máximo de los recursos de que disponga, de conformidad con un protocolo facultativo del Pacto"*, 21 de septiembre de 2007.

CAPÍTULO III

Casos de Éxito de la Justicia Oral Familiar

(Successful Cases of Family Oral Justice)

Ricardo García Mora[31]

Resumen: Los seres humanos tenemos el deber social de procurar beneficios para nuestros semejantes, sobre todo cuando hay conflicto de

---

[31] Doctor en Derecho por el Centro de Investigación y Desarrollo del Estado de Michoacán, Licenciado y Maestro en Derecho por la Benemérita y Centenaria Universidad Michoacana de San Nicolás de Hidalgo, Profesor e Investigador Asociado "C" de Tiempo Completo, de la Facultad de Derecho y Ciencias Sociales UMSNH, Miembro del Centro de Investigaciones Jurídicas y Sociales y Titular del Área de Derecho Privado del mismo, Miembro y Coordinador del Cuerpo Académico UMSNH-CA-241-DERECHO CIVIL Y SOCIAL de la misma Facultad de Derecho, Reconocimiento a Perfil Deseable PRODEP 2007-2010, 2014-2017 y 2017-2020, Miembro activo del Colegio de Abogados del Estado de Michoacán, A.C. y de la Fundación GÉNESIS, A.C., Editor, árbitro y articulista de la revista electrónica DECISO, Árbitro y articulista de la revistas en línea CIJUS VOX, Derecho On Line DOL y Revista Internacional de Ciencias Jurídicas RICJ.

derechos ante la autoridad judicial; la abreviación de los procesos familiares por medio de la oralidad, ha sido el primer logro para procurar una solución pronta y digna de los litigios legales entre la parentela llevados ante la superioridad de la jurisdicción competente. Ya se están dando casos de éxito al generar facilidades con la oralidad que abrevia ahora las etapas procedimentales en los procesos del orden familiar, a fin de lograr la solución de los juicios y procesos que tramitan las acciones del estado civil, conforme lo ordena la codificación familiar vigente. El hecho de compendiar en audiencias orales los actos jurídicos judiciales, permite ya ir obviando la dicción diferida de decisiones judiciales que van desde los autos, decretos, proveídos, hasta las sentencias y resoluciones, propiciando en el juez competente a ser más proactivo y cambiar su actitud con más humanismo y calidez en el trato a los justiciable y la oralidad permite entonces garantizar la agilización de los juicios y procesos familiares bajo su conocimiento superior; lo anterior, a fin de que se abrevien tiempos procesales para el agotamiento sucesivo de las etapas judiciales tradicionales y entonces de facilite y se factibilice la acción sensible y sensibilizada de un juzgador humanizado para lograr concluir los conflictos normativos del orden familiar a través de la instrumentación de las audiencias que ya conglomeran varios actos de autoridad concentrados como fases procesales, permitiendo optimizar tiempo en horas humanas de trabajo en la encomiable labor judicial, al materializar la prontitud la solución de los juicios y procesos en materia de familia siguiendo el derecho humano del debido proceso, siendo ello incluido en la codificación familiar del día 30 de septiembre del 2015 que rige en Michoacán.

Palabras Clave: Código de familia; Michoacán; Justicia familiar; divorcio

Abstract: Human beings have a social duty to procure benefits for our peers, especially when there is a conflict of rights before the judicial authority; the abbreviation of family processes through orality has been the first achievement to seek a prompt and dignified solution of legal disputes between the family brought before the superiority of the competent jurisdiction. There are already cases of success in generating facilities with the orality that now abbreviates the procedural stages in the processes of the family order, in order to achieve the solution of the judgments and processes that process the actions of the civil status, as ordered by the codification current family. The fact of summarizing the legal judicial acts in oral hearings, allows the deferred diction of judicial decisions that go from the orders, decrees, provided, to the sentences and resolutions to be ignored, leading in the competent judge to be more proactive and change their attitude with more humanism and warmth in the treatment of the justiciable and orality then allows to ensure the speeding up of family judgments and processes under their superior knowledge; the foregoing, so that procedural times are shortened for the successive exhaustion of the traditional judicial stages and then of facilitating and making possible the sensitive and sensitized action of a humanized judge to conclude the normative conflicts of the family order through the instrumentation of the hearings that already conglomerate several acts of authority concentrated as procedural phases, allowing to optimize time in human hours of work in the commendable judicial work, by promptly materializing the solution of family lawsuits and processes following the human right of due process, being included in the family codification of September 30, 2015 that governs in Michoacán

Key Words: Family Code; Michoacán; Family justice; divorce

Sumario: Resumen, Abstract; Introducción; **I.** La anterior justicia familiar; **II.** La actual justicia familiar; **III.** La clínica forense familiar; **IV.**

Los éxitos de la oralidad familiar; **V.** Reflexiones Finales; **VI.** Fuentes de información

INTRODUCCIÓN

La idea planteada consiste en ¿cómo demostrar la agilización efectiva de los juicios familiares?, porque ya existen casos de éxito con el uso de la herramienta procesal de la oralidad con la que se puede abreviar la impartición de la justicia, aglutinando en audiencias las largas etapas en meras fases momentáneas de ejercicio de derechos procesales, salvaguardando el debido proceso como derecho humano garantizado constitucionalmente para los litigantes, haciendo de lado los juicios de estructura rígida y escrita.

Por lo que este tema quiere demostrar los casos exitosos que trae aparejado el uso de la propia oralidad en el derecho fundamental de justicia pronta y completa para la materia familiar, evitando esos innecesarios tiempos dilatorios y vacíos en los que la autoridad judicial espera a que los litigantes le soliciten por escrito la clausura y luego la apertura de cada etapa procedimental, como ocurría con la codificación familiar del 11 de febrero del 2008 que ya contaba innovadoramente con dos libros: el primero que regulaba al derecho familiar sustantivo o material y, el segundo que mandataba el derecho familiar adjetivo o procesal.

Porque la propuesta radica en que la oralidad representa

un caso de éxito genérico, por reflejar una economía sustentable para la justicia familiar, en la agilización del trámite de los juicios mediante audiencias que comprenden los actos jurídicos procesales de impartición de justicia en este renglón social sensible.

Con ello se puede garantizar una mayor agilidad al negocio judicial familiar y no demorarlo en el burocratismo comodino y pasivo de los jueces en esperar a que las partes le insten, ya para clausurar, ya para luego abrir cada ulterior etapa procesal del juicio escrito.

El planteamiento que hacemos es que por excepción al principio de instancia de parte, reservado para la etapa postulatoria o expositiva, el juez legalmente es proactivo agotando en audiencias orales las etapas procesales.

Con el nuevo escenario procedimental familiar se abre el principio de economía procesal para la agilización de las demás etapas procesales con la realización de las audiencias judiciales, actos jurídicos solemnes de la autoridad que se encabezan para el desarrollo de las fases destinadas para la ágil impartición de justicia, dado que ya no se exigen formalidades rigurosas para su agotamiento, sino de la palabra hablada con propiedad y precisión jurídica.

Con la incorporación de la oralidad judicial familiar, se genera economía al potencialmente ahorrar más tiempo durante las audiencias previstas para tipo de juicio familiar, ya ordinario o ya especial, porque con su carácter de oral se evita el tiempo de espera judicial para el tránsito de una fase a la otra.

Se estima entonces necesario emprender un sencillo análisis sobre el rubro, considerando justificado el tema en elección, debido a que se aportaron los elementos de la anterior enjuiciamiento familiar que prevenía la legislación abrogada del 11 de febrero del 2008 en sus vías ordinaria, sumaria y sumarísima.

La tesis que corresponde a esta entrega, consiste en demostrar cómo la oralidad bien encauzada ayuda a agilizar como economía el decurso de los juicios familiares, con la existencia de las audiencias ágiles garantizadoras de prontitud judicial, hasta llegar a la citación y pronunciamiento legal de la Sentencia Definitiva que finalice la contienda judicial, como se mandata en la ley vigente del 30 de septiembre del 2015, que ahora cuenta con tres libros: el sustantivo o material, el adjetivo o procesal y el de la cooperación procesal internacional.

I. LA ANTERIOR JUSTICIA FAMILIAR

El Derecho Procesal Familiar es la rama del derecho público interno que estudia la función jurisdiccional del Estado, y los límites, extensión y naturaleza de la actividad del órgano jurisdiccional, de las partes y de otros sujetos procesales en el ramo familiar.

El Juicio Familiar, hasta el abrogado Código Familiar del 11 de febrero del 2008, se componía de un conjunto gradual y progresivo de actos que tendían a lograr una decisión jurisdiccional en relación a los hechos planteados por las partes intervinientes y que han sido controvertidos en la causa debiendo el juez en base a la prueba arrimada al proceso, fijar los hechos y decir el derecho que corresponde aplicar al caso concreto, siguiendo valores y principios humanísticos.

Las normas que se aplicaban por el juez familiar eran del anterior sistema de justicia familiar, siguiendo la estructura civilista de las normas jurídicas de derecho privado que estaban contenidas, tanto en el Código Civil del 30 de julio de 1936, como en el Código Familiar del 11 de febrero el 2008, bajo el dominio del principio de la autonomía de la voluntad de las partes, pero ahora bajo el escrutinio asistencial.

En el juicio familiar anterior encontrábamos a dos partes: un actor que introduce la demanda y un demandado que opone defensas. Este juicio estuvo compuesto por distintas etapas: introductoria, conciliatoria, probatoria, conclusiva y decisoria que es cuando al final el juez dictaba la sentencia. Era un proceso eminentemente dispositivo, porque eran las partes quienes debían impulsarlo y quienes debían diligenciar la prueba.

La Etapa Postulatoria, iniciaba con la presentación de la demanda, continuaba con su admisión, donde en ese Auto se ordenaba entonces el Emplazamiento al demandado y se le dé un plazo de nueve días (juicio ordinario) o tres (juicio sumario) para contestar la acción ejercitada; entonces ya concluía con la Contestación de Demanda.

La Etapa Conciliatoria, dada por contestada la demanda se citaba a las partes para la celebración de la Audiencia Conciliatoria, en el día y hora hábiles de despacho que se deben indicar en el Auto de mérito, primero en una sede parajudicial como el Centro de Justicia Alternativa y Solución de Controversias; luego las partes acudían a la Audiencia en cita para señalar si es su voluntad conciliar o no. En caso de Acuerdo, finaliza el juicio; si no lo hay, se citaba a las partes a la sede judicial para volver a conciliar; ya se no lograrse diálogo alguno, se abría el juicio a prueba, pero sólo a petición escrita de cualquiera de las partes y ya concluida la audiencia, pero sin la posibilidad de la proactividad judicial de aperturar la etapa demostrativa.

La Etapa Probatoria, ya entonces iniciaba con la notificación personal del auto de apertura del periodo probatorio a las partes y comenzaba su cómputo desde el día siguiente al de su notificación judicial a la persona de cada contendiente, ahí en ese lapso de veinticinco días (juicio ordinario) o de diez (juicio sumario) se ofrecían, se admitían y se desahogaban los diferentes medios de convicción que reconocía la anterior codificación familiar michoacana.

La Etapa Conclusiva, comenzaba con el Auto que ponía los autos a la vista de las partes que emitieran sus Alegatos de buena prueba, por un lapso de cinco días (juicio ordinario) o de tres (juicio sumario); por escrito se expresaban los Alegatos y el juez tenía a las partes por emitiéndolos en tiempo y forma mediante un auto acordado para cada líbelo conclusivo.

La Etapa Resolutiva, iniciaba con el Auto de citación a Sentencia, donde el juez convocaba a las partes para oír Sentencia Definitiva, luego se dictaba la misma en un lapso de diez días (juicio ordinario) o de cinco (juicio sumario), y finalizaba la contienda familiar en primera instancia con la notificación personal a las partes de los sus puntos resolutivos.

En el desaparecido juicio sumarísimo familiar, ya contestada la demanda, se citaba a la audiencia judicial única, en la cual se abreviaba el proceso desde la contestación de la demanda, para luego hacer el llamado a las partes para dialogar o conciliar, después se ofrecían las pruebas y se admitían, para proceder al desahogo de las pruebas confesionales, testimoniales, periciales e inspecciones judiciales, había casos en los cuales los jueces daban la voz a las partes para alegar oralmente de buena prueba y finalmente cerrar el acta de la audiencia con la citación a sentencia definitiva; aquí se gestó el germen para la oralidad familiar vigente en la actual codificación michoacana.

La Etapa Impugnativa, iniciaba con la notificación del

sentido adoptado por el juez para sentenciar, porque a partir del día siguiente correría el plazo para interponer el Recurso de Apelación con la expresión de los Agravios en nueve días para las sentencias definitivas delos tres tipos de juicios familiares, luego se contestaban los mismos por la parte favorecida en el fallo judicial dictado en tres días; después se remitían los autos al Supremo Tribunal de Justicia del Estado, para que señalara el turno de la sala civil superior de la Alzada, a quien le correspondía conocer de la impugnación para resolverla; se emitía la Sentencia Ejecutoria, pudiéndose combatirse en quince días mediante un Juicio de Amparo Directo, mediante el cual aún se remiten los autos al Tribunal Colegiado en Turno del Décimo Primer Circuito, quien luego emite la Sentencia Constitucional que ampara y protege al quejoso, o que niega el amparo y protección nacional, o que sobresea la acción ejercitada por si sobreviniera alguna causal de improcedencia.

La Etapa Ejecutiva, inicia aún cuando los autos regresan al Juzgado de Origen, ya con las copias certificadas de la Sentencia de Alzada y de la Constitucional de Amparo, promoviéndose el Incidente de Liquidación de Sentencia y realizando luego la ejecución patrimonial o personal de las prestaciones familiares ya judicialmente procedentes.

Las materias Civil y Familiar en Michoacán, hasta la entrada total en vigor del Código Familiar del 30 de septiembre del 2015, mantuvieron un paralelismo singular en la práctica forense, por tener el mismo tipo de vías judiciales de trámite de controversias entre particulares.

Estos tipos de juicios lo son fueron el Ordinario, el Sumario y el Sumarísimo, los cuales explicamos a continuación, en su concepto, acciones y naturaleza propia:

El Juicio Ordinario Civil es aquel en el cual se tramitan las cuestiones patrimoniales, sucesorias, crediticias y contractuales (artículo 596, Código Adjetivo Civil de Michoacán) no contempladas para las vías sumaria ni sumarísima, siendo un juicio de normal tramitación y que contiene etapas procedimentales más dilatadas en su desarrollo temporal.

El Juicio Sumario Civil es aquel en el cual se tramitan las acciones contenidas en el artículo 595 del Código de Procedimientos Civiles de Michoacán.

El Juicio Sumarísimo Civil, es aquel que tramita en una sola audiencia (Artículo 602, Código Adjetivo Civil de Michoacán) las acciones sobre interdictos patrimoniales, extinción de servidumbres legales que consten en documentos públicos, junto con la terminación o rescisión de contratos escritos de arrendamiento; en este juicio radica la Oralidad en el desahogo de la audiencia única.

II. LA ACTUAL JUSTICIA FAMILIAR

Con el nuevo Código Familiar vigente desaparece la justicia tradicional por escrito, para redefinirse los litigios familiares como Juicio Ordinario Oral y Juicio Especial Oral, conservándose la etapa postulatoria por escrito con la demanda en nueve días (juicio oral ordinario) o en tres (juicio oral especial) y la contestación de demanda en ambas contiendas ya deben contener el ofrecimiento de pruebas en sus textos literales, ordenándolo así los taxativos 970 y 971 del mismo Ordenamiento Legal; ahora los principios procesales familiares son inmediación, publicidad, contradicción, concentración y continuidad, como lo mandata el diverso 929 de la misma norma vigente.

La inmediación consiste en que el vínculo entre las partes debe ser estrecho junto con la manera directa de actuación del juzgador sensibilizándose humanísticamente en los pormenores y circunstancias propias del asunto.

La publicidad radica en que las actuaciones judiciales deben darse a conocer una vez cerrado o concluido su desarrollo.

La contradicción consiste en la posibilidad de generar un vínculo y un diálogo continuo entre los operadores jurídicos necesarios para allegar de elementos de convicción al juzgador.

La concentración radica en la litis cerrada que debe darse entre las partes en conflicto sin allegar más elementos que los que deben adicionarse para probar los hechos de la acción ejercitada y las excepciones y defensas del reo.

El Juicio Oral Ordinario Familiar, está previsto para las siguientes acciones enumeradas en el artículo 959 del Código Familiar del Estado vigente:

1) Divorcio sin expresión de causa.

2) Acciones de nulidad.

3) Investigación de la paternidad e investigación de la maternidad.

4) Desconocimiento de la paternidad y desconocimiento de la maternidad.

5) Pérdida o suspensión de la patria potestad.

6) Todos los demás que la ley prevea deben ser tramitados por esta vía, o que no tengan señalado un trámite especial.

El juicio contiene dos actos jurídicos relevantes:

La Audiencia Preliminar, está prevista en el artículo 985 del Código Familiar del Estado vigente, para citarse en diez días y tratar estos actos judiciales:

1) Enunciación de la litis.

2) Fase de mediación y/o conciliación.

3) Sanción del convenio por el juez, en caso de mediación o conciliación de las partes.

4) Fijación de acuerdos sobre hechos no controvertidos y sobre controvertidos.

5) Admisión y preparación de pruebas para la audiencia de juicio; únicamente sobre hechos controvertidos.

6) Revisión de las medidas cautelares, de aseguramiento y precautorias ya decretadas y decisión sobre las solicitadas en la audiencia.

7) Citación para la audiencia de juicio.

Si no hay pruebas ofrecidas por las partes para su desahogo en la audiencia de juicio, se citará la misma para que las partes rindan oralmente sus alegatos y se cite para oír sentencia definitiva, como lo ordena el dispositivo 998 de la misma Ley.

Ahí hay una innovación judicial para generar casos de éxito en la solución pronta de los procesos judiciales de la materia familiar, para abreviar legalmente el trámite judicial sin traicionar al derecho humano a un debido proceso.

La Audiencia de Juicio, está a su vez regulada en el artículo 999 del Código Familiar del Estado vigente, para citarse en cinco días y tratar estos actos judiciales:

1) Aseguramiento de la asistencia de las partes, testigos y peritos; última solicitud de mediación y conciliación entre las partes.

2) Apertura de la audiencia con la recepción de las pruebas.

3) Formulación de los alegatos orales hasta quince minutos por cada parte.

4) Pronunciamiento de la Sentencia y explicación breve de su contenido, o citación a audiencia donde se dará a conocer la sentencia y su contenido.

El Juicio Oral Especial Familiar, está contemplado para las siguientes acciones privilegiadas, enumeradas en el artículo 1000 del Código Familiar del Estado vigente:

1) Alimentos.

2) Diferencias entre cónyuges y concubinos, sobre administración de los bienes comunes y cuestiones relacionadas con los hijos.

3) Custodia o convivencia.

4) Rectificación, aclaración y levantamiento de actas del registro civil.

5) Modificación o extinción de convenios.

6) Todos los demás que la ley prevean deben ser tramitados por esta vía.

La Audiencia única de juicio se previene en el numeral 1004 del Código Familiar del Estado vigente, para citarse en cinco días y tratar abreviadamente estos actos judiciales:

1) Enunciación de la litis.

2) Mediación o conciliación.

3) Desahogo de pruebas.

4) Alegatos.

5) Sentencia.

Para cada audiencia hay una videofilmación que graba las incidencias de la oralidad en el momento procesal histórico oportuno, ello sin dejar de lado que se redactará un acta donde obra una breve relatoría de los actos jurídicos procesales se materializaron en las incidencias videofilmadas.

III. LA CLÍNICA FORENSE FAMILIAR

La Práctica o Clínica Forense Civil es el conjunto de conocimientos que carece de teorización o lírica que estudian la manera instrumental de tramitar asuntos jurídicos en las materias de lo patrimonial, hereditaria, crediticia y contractual.

La Práctica o Clínica Forense Familiar por su parte, es el conjunto de conocimientos que carece de teorización o lírica que estudian la manera instrumental de tramitar asuntos jurídicos en las materias de personas, registro civil y familia; ya contiene autonomía al contar con una norma jurídica propia e independiente.

Desde el quehacer profesional del impulso judicial que hace el abogado litigante, hasta la conducta judicial de responder, es como así opera el decurso de un juicio civil. Ahora ello cambia con la justicia oral familiar, que exige nuevas habilidades litisperitas.

Ahora con el dominio de la oratoria podremos abreviar las fases procesales en la justicia familiar, como se ha demostrado con la materia penal y mercantil donde tampoco se permite dictar alegaciones o conclusiones a la secretaría de acuerdo o a su escribiente actuante.

Como caso de éxito es la serie de capacitaciones que los operadores jurídicos han estado recibiendo y que han estado practicando, a efecto de conocer la estructura de un discurso breve y a la altura de los quince minutos que se otorga a cada litigante para alegar de buena prueba antes del cierre de las audiencias judiciales familiares.

Gracias a este principio ya ha servido para ir cambiando la cultura jurídica que estaba anquilosándose en los tecnicismos que por escrito se plasman y orillaban a los juzgadores a impartir justicia sólo a papeles y a documentos, pero no a los seres humanos mediatizados por el profesionalismo o el exhibicionismo del abogado, a quien se le ordena patrocinar los escritos dirigidos a la superioridad justiciera.

La importancia de la justicia familiar radica en saber redactar bien la demanda y la contestación, porque los numerales 970 y 971 del Código Familiar ordenan el ofrecimiento de pruebas en esos actos que integran la litis de la primera instancia.

La justicia familiar es mixta en realidad, porque el peso de la contienda radica en que por escrito se redacten la demanda y la contestación ofreciendo los medios de convicción, así es como se abrevian las etapas procesales para comprimirlas en las audiencias orales, diseñadas para proceder a ahorrar horas humanas de trabajo en la impartición de justicia para las familias.

El uso de la oratoria permite al abogado el aplomo necesario para conducirse en las audiencias judiciales familiares con seguridad y no dejar que el escenario lo domine, abatiendo el pánico escénico y aflorando su autoconfianza al poder conocer de los elementos de la litis para ayudar a su cliente a que se le imparta justicia conforme a lo probado.

3.1. El escrito de demanda judicial familiar

El líbelo contiene estos apartados:

1) La autoridad destinataria del escrito. Será dirigido a la autoridad justiciera. Se dirige al C. Juez de lo Familiar en Turno en el distrito judicial de Morelia, Michoacán, o ante un juez civil en otro distrito judicial carente de juez familiar, o ante un juez mixto de primera instancia.

2) El proemio contiene el nombre del promovente actor, el domicilio competo para entablar comunicación el órgano de justicia y los nombres de las personas que autoriza para recibir notificaciones, documentos, valores e imponerse de los autos, teniendo al final la frase de cortesía.

3) El párrafo inicial contiene el acto jurídico mismo de

demanda judicial, señalado la vía y la acción ejercitada, el nombre del demandado y su domicilio para ser emplazado.

4) Las prestaciones contienen la lista de exigencias que se reclaman en concreto a la contraparte.

5) Los hechos, son los acontecimientos que se relatan con brevedad o hasta con detalle en las circunstancias de modo tiempo y lugar, siguiendo un orden rigurosamente cronológico que desemboquen en la comisión de las causales o de las situaciones de hecho que dieron lugar a iniciar la contienda.

6) Las pruebas, son los medios de convicción que deben ofrendarse a efecto de demostrar los extremos de la acción ejercitada con la procedencia de las prestaciones y la veracidad de los hechos expuestos.

7) El derecho, son el conjunto de invocaciones de los artículos conducentes de la legislación sustantiva y adjetiva del ramo familiar.

8) Los puntos petitorios, son el resumen de las solicitudes que se estuvieron presentando a lo largo del líbelo.

9) El calzamiento, es la impresión del lugar, la fecha y las firmas de los promoventes o apoderados jurídicos y/o abogados autorizantes.

3.2. Modelo de demandas judiciales familiares
a) Demanda de Investigación de la Paternidad

C. JUEZ DE LO FAMILIAR EN TURNO

RICARDO GARCÍA MORA y GEMMA JEANNETTE LÓPEZ

MARTÍNEZ DEL CAMPO, Apoderados Jurídicos de la **C. N N N,** por su propio derecho y representante legal del menor N N N, como lo acreditamos con el Poder Notarial que nos fue otorgado y cuyo carácter solicitamos me sea reconocido en autos, señalando como domicilio para oír y recibir toda clase de notificaciones personales, documentos y valores el ubicado en la Calle Uruapan, número 77-A setenta y siete, letra "A", de la Colonia Juárez, de esta ciudad capital, autorizando para que en mi nombre indistintamente las reciban imponiéndose también de los autos a los C.C. Licenciados en Derecho CÉSAR ENRIQUE OROZCO MARTÍNEZ y/o DIANA ERÉNDIRA HERNÁNDEZ GUTIÉRREZ; ante Usted respetuosamente comparecemos a exponer:

Que por medio del presente escrito y en representación de mi poderdante, en la Vía ORDINARIA ORAL FAMILIAR y en ejercicio de la Acción del ESTADO CIVIL sobre INVESTIGACION DE LA PATERNIDAD, vengo a demandar al **C. N N N,** quien tiene su domicilio ubicado en la calle Paseo Cri-Crí, número 392 trescientos noventa y dos, entre las calles de Paseo de la Fuente y de Paseo del Chorrito, de la colonia Francisco Gabilondo Soler, de esta ciudad capital, para los efectos de su debido emplazamiento, de quien reclamamos las siguientes:

P R E S T A C I O N E S

I. El Reconocimiento de la Paternidad de su menor hijo N N N y las consecuencias legales de lo anterior que proporcione sus datos y dé su apellido al menor ante el Oficial del Registro Civil correspondiente;

II. El pago de una Pensión Alimenticia Definitiva para el menor N N N;

III. Cubrir los gastos realizados desde el nacimiento del menor N N N y hasta el momento con motivo de los alimentos otorgados al citado menor; y,

IV. El pago de los gastos y costas judiciales con los honorarios profesionales que se generen con motivo de la tramitación del presente juicio.

Fundándonos para ello en la siguiente relación de hechos y consideraciones de derecho:

H E C H O S

PRIMERO. En el mes de marzo del 2015 dos mil quince, nuestra Mandante N N N inició una relación de noviazgo con N N N, por lo que nunca formalizaron la unión humana matrimonial, como lo acreditamos con la Constancia de Inexistencia de Matrimonio (**Anexo 1 uno**) y adicionamos las actas de nacimiento de la propia pareja (**Anexos 2 dos y 3 tres**).

SEGUNDO. Es el caso que cuando N N N supo del embarazo de nuestra Mandante N N N, se comprometió a de contraer matrimonio con ella en el mes de febrero del 2016 dos mil dieciséis y a velar por el hijo por venir y empezó a trabajar para la tienda "Sal Si Puedes", ubicada en el Centro Comercial Espacio Las Américas, interior local 220 doscientos veinte, de la Avenida Licenciado Enrique Ramírez Miguel, número 1000 un mil, de la colonia Las Américas, de esta ciudad capital; no obstante ello, N N N al ganar ya dinero, cambió su conducta hacia nuestra Mandante N N N al ignorarla, saliendo N N N de fiesta todos los fines de semana con sus amigos y con mujeres, y no regresaba a su casa paterna para dormir, llegando a regresar hasta el día siguiente.

TERCERO. Es el caso que durante la etapa del embarazo, nuestra Mandante N N N solicitó de manera comedida y repetidamente durante los nueve meses del periodo prenatal a N N N, el apoyo económico para los gastos de los estudios ginecológicos de ultrasonidos, consultas, vitaminas y demás requerimientos medicinales para el buen desarrollo del menor en formación, negándose N N N en todo momento a acompañar a nuestra Mandante N N N a las consultas y negándose también en todo momento a pagar todas las necesidades médicas ginecológicas relativas al embarazo.

CUARTO. Es el caso que varias mujeres buscaron a nuestra Mandante N N N para manifestarle que iba N N N a fiestas acompañado de otras mujeres, enseñándoles las fotografías relativas; por lo que ante tal situación, los C.C. N N N y N N N, progenitores de nuestra Mandante N N N, junto con ella misma, decidieron acudir en varias ocasiones a buscar a N N N a su domicilio sito en la calle Paseo Cri-Crí, número 392 trescientos noventa y dos, entre las calles de Paseo de la Fuente y de Paseo del Chorrito, de la colonia Francisco Gabilondo Soler, de esta ciudad capital, ya fuera de su horario de trabajo y con el propósito de hablar sobre la situación del menor en formación, nunca lograron encontrarlos, al notar que cobardemente N N N y su madre N N N se escondieron siempre sin nunca darles la cara para responder.

QUINTO. El día 21 veintiuno de julio del 2016 dos mil dieciséis, nació en el Hospital de la Mujer de esta ciudad capital, mi menor hijo N N N, como lo acreditamos con el Acta de Nacimiento que adicionamos (**Anexo 4 cuatro**), mismo que nuestra Mandante N N N engendró con N N N.

SEXTO. Es el caso que el mismo día 21 veintiuno de julio del 2016 dos mil dieciséis, del parto de nuestra Mandante y del nacimiento del menor N N N, sólo nuestra Mandante N N N tuvo el acompañamiento de sus padre, de su madre N N N y de sus hermanas N y N de apellidos N N.

SÉPTIMO. Es también el caso que el día 21 veintiuno de julio del 2016 dos mil dieciséis, del parto de nuestra Mandante y del nacimiento del menor N N N, se requirió la aplicación de vacunas y la práctica de estudios médicos, siéndole imposible obtenerlos por nuestra Mandante N N N, al carecer de la Seguridad Social que N N N debió dotarle con motivo de su trabajo remunerado en la negociación ya citada.

OCTAVO. Bajo Protesta de decir verdad manifiesto que, desde el día en que N N N tuvo conocimiento de que nuestra Mandante N N N quedó embarazada por él, hasta la fecha de esta demanda, no ha recibido apoyo alguno por parte del ahora demandado N N N hasta para el Registro Civil del Nacimiento de su hijo menor, negándose a dar sus datos y nombre, siendo un requisito para ingresar a su hijo al Seguro Popular de la Secretaría de Salud, no obstante que el mismo N N N y su mamá N N N visitaron varias veces a nuestra mandante N N N para ver solamente al menor N N N y no mostrando interés en otorgar el apoyo económico para su manutención.

NOVENO. Es el caso que al tener nuestra Mandante N N N al menor N N N, las necesidades de gastos de manutención se le incrementaron, corriendo con todos ellos, desde la comida, el vestido y los cuidados de salud postnatal, llegando hasta el mes de octubre del 2017 dos mil diecisiete cuando solamente nuestra Mandante N N N llevó a bautizar al menor N N N y le organizó la fiesta respectiva a la que sí acudió N N N para aparentar cumplir con su presencia, incumpliendo con asistir a las pláticas prebautismales parroquiales y a la propia ceremonia religiosa sacramental bautismal; por lo que todos los gastos de manutención del menor N N N, han corrido absolutamente por parte de nuestra Mandante N N N, gracias a su trabajo que tiene y que ya le impidió continuar de momento con sus estudios de Licenciatura en Derecho, que estuvo haciendo nuestra Mandante N N N en la Universidad Michoacana de San Nicolás de Hidalgo.

DÉCIMO. En virtud a todo lo narrado en la presente demanda, acudimos a este Órgano Jurisdiccional a demandar a N N N, el reconocimiento de la paternidad respeto de su menor hijo N N N, para que quede debidamente registrado como N N N; juntamente para que cumpla con el pago de las pensiones alimenticias definitivas de rigor; lo anterior, porque si bien es cierto que había mostrado el demandado N N N su interés en reconocer a su menor hijo N N N, ya no lo quiere ya hacer, llegando al grado de poner pretextos para ya negarse de plano, generando violencia hacia la persona de nuestra Mandante N N N gritándole palabras altisonantes y llegando a golpearla y a apretarla del cuello para estrangularla, independientemente de que le pidió perdón por los daños ocasionados.

DÉCIMO PRIMERO. Es el caso que a la semana después del bautizo del menor N N N, acudió N N N a manifestar a nuestra Mandante N N N, que él tiene una nueva pareja sentimental y que desde ese momento el mismo N N N dejó de tener interés alguno en su menor hijo N N N, desentendiéndose totalmente de saber de él.

DÉCIMO SEGUNDO. Por otra parte, bajo protesta de decir verdad manifestamos que mi mandante es una persona de escasos recursos económicos y, tomando en consideración que pretendemos ofrecer como prueba pericial en materia genética molecular (ADN Ácido Desoxirribonucleico), en colaboración con los peritos de **la Procuraduría General de Justicia del Estado de Michoacán,** ubicada en la calle Colegio de Bachilleres, sin número, de la colonia Sentimientos de la Nación, de esta ciudad capital, **solicitamos se gire atento oficio al Director de Servicios Periciales de dicha Procuraduría, con la finalidad de que en su momento procesal oportuno, proporcione los nombres de los peritos expertos para el desahogo de la prueba pericial en materia molecular genética (ADN Ácido Desoxirribonucleico).**

Conforme a los artículos 970 y 971 del Código Familiar del Estado vigente, nos servimos ofrecer las siguientes:

PROBANZAS

I. CONFESIONAL. A cargo del demandado N N N, quien deberá absolver las posiciones que verbalmente se le articularán en la Audiencia de Juicio que se decrete el día y hora hábiles de despacho que ruego a Usted señale oportunamente para su desahogo, debiéndosele notificar personalmente y apercibirlo para el caso de resistirse a asistir se le declarará confeso de las posiciones calificadas de legales.

II.   DOCUMENTAL PÚBLICA. Consistente en la constancia de Inexistencia de Matrimonio del demandado con la suscrita, expedida por la Oficialía Segunda del Registro Civil de Morelia, Michoacán, en el pleno ejercicio de sus funciones legales.

III.   DOCUMENTAL PÚBLICA. Consistente en el Acta de Nacimiento del demandado N N N, expedida por la Oficialía Segunda del Registro Civil de Morelia, Michoacán.

IV.   DOCUMENTAL PÚBLICA. Consistente en el Acta de Nacimiento de nuestra Mandante N N N, expedida por la Oficialía Segunda del Registro Civil de Morelia, Michoacán.

V.   DOCUMENTAL PÚBLICA. Consistente en el Acta de Nacimiento del menor N N N, expedida por la Oficialía Segunda del Registro Civil de Morelia, Michoacán.

VI.   DOCUMENTALES PRIVADAS. Consistente en la suma de 11 once Recibos de Pago a nombre de nuestra Mandante N N N, de los meses de julio del 2017 dos mil diecisiete al mes de mayo del 2018 dos mil dieciocho, expedidas por la Estancia Infantil SEDESOL "ORACIÓN CARIBE", por la suma cada uno de $1,500.00 (UN MIL, QUINIENTOS PESOS 00/100 M.N.).

VII.   INSTRUMENTAL FOTOGRÁFICA. Consistente en la cantidad de 3 tres placas fotográficas tomadas respectivamente al rostro, al perfil derecho del rostro y al perfil izquierdo del rostro del menor N N N, que muestran su notable parecido fisonómico con el del demandado N N N.

VIII. INSTRUMENTAL FOTOGRÁFICA. Consistente en la cantidad de 5 cinco placas fotográficas tomadas de la fiesta de bautismo del menor N N N, de la cual nuestra Mandante N N N sufragó todos los gastos.

IX. TESTIMONIAL. En Un Artículo de Prueba, a cargo de las C.C. N N N, N N N y N N N, con domicilio todas las tres en la calle Timón y Pumba, sin número, de la colonia El Rey León, de Morelia, Michoacán, a quienes me comprometo a presentar a responder las preguntas que verbalmente se le formularán en la Audiencia de Juicio que se decrete el día y hora hábiles de despacho que ruego a Usted señale en el respectivo momento procesal para su desahogo.

X. PERICIAL GENÉTICA MOLECULAR. Consistente en el estudio científico que hará un perito adscrito a la Procuraduría General de Justicia del Estado, lo anterior BAJO PROTESTA LEGAL DE DECIR VERDAD manifestamos que nuestra Mandante N N N carece de los medios financieros de contratar los servicios particulares de un perito independiente; por lo que rogamos muy atentamente a Usted **gire un muy atento oficio a la Dirección de Servicios Periciales de la Procuraduría General de Justicia del Estado,** para que nos designe un Perito de nuestra parte que colegie su dictamen con el diverso que deberá designar la parte demandada, a efecto de recabar las muestras de Ley en la Audiencia Preliminar que se decrete, para luego dictaminar a ciencia cierta en la Audiencia de Juicio que luego se cite, la presencia de coincidencias notables en los marcadores genéticos entre el Ácido Desoxirribonucleico (ADN) del demandado N N N con el diverso ADN del menor N N N, motivo de nuestro alegato en defensa de nuestra postura activa procesal; corriéndosele también traslado al demandado para que designe un perito de su parte.

XI. INSTRUMENTAL PÚBLICA DE ACTUACIONES. Consistente en el conjunto de constancias públicas que ya obran glosadas y de las que se vayan glosando en el Expediente de este Juicio, en todo lo que beneficie a los intereses propios de nuestra Mandante y del menor que representamos.

XII. PRESUNCIONAL LÓGICA, LEGAL Y HUMANA. Consistente en la existencia del principio del INTERÉS SUPERIOR del Menor N N N, relacionado con el derecho supremo de tener la certidumbre de poseer un parentesco consanguíneo y de saber la identidad de su progenitor; lo que deberá integrarse al conjunto de razonamientos lógico-jurídicos que Usted realice al momento de dictar la Sentencia Definitiva que finiquite este Juicio, en todo lo que beneficien a los intereses propios de la suscrita y del menor que represento.

XIII. PRESUNCIONAL LÓGICA, LEGAL Y HUMANA. Consistente en el conjunto de razonamientos lógico-jurídicos que Usted realice al momento de dictar la Sentencia Definitiva que finiquite este Juicio, en todo lo que beneficien a los intereses propios de la suscrita y del menor que represento.

D E R E C H O

I. Tienen aplicación en cuanto al fondo, además los artículos 369, 370, 373, 388, 389, 390, 392, 393, 443, 444, 446, 450, 451, 452, 453, 454, 457, 460, 462, 463, 464 y demás aplicables del Código Familiar del Estado vigente.

II. Norman el procedimiento los artículos 688 a 693, 712, 736, 741, 747, 778, 779, 788, 795, 799, 842, 843, 860, 929, 930, 959, 960, 961 968, 970, 971 972, 973 y demás relativos del Código Familiar del Estado vigente.

Por lo anteriormente expuesto y fundado,

A T E N T A M E N T E   P E D I M O S :

1. Se nos reconozca el carácter que ostentamos.

2. Se admita en trámite la presente demanda en la vía y términos propuestos.

3. Se me tenga por señalando domicilio para oír y recibir todo tipo de notificaciones y autorizando a los profesionistas que referimos.

4. Se me tenga por anexando los documentos señalados en el cuerpo de la demanda.

5. Se emplace al reo, en el domicilio señalado en el proemio del presente, con las copias simples de traslado que anexo.

6. Ofreciendo desde este momento las pruebas y en especial la pericial en molecular genética de ADN, para comprobar en su momento procesal oportuno, que el demandado, es el padre del menor citado.

7. Una vez corridos que fueren los trámites judiciales, dictar Sentencia Definitiva favorable a los intereses que apoderamos.

Morelia, Michoacán, al día de su presentación.-

DR. RICARDO GARCÍA MORA, CC. PP. LIC. 1855394 y DR. 6119801

LIC. GEMMA JEANNETTE LÓPEZ MARTÍNEZ DEL CAMPO, CÉD. PROF. FED. LIC. 6180999

N N N

b) Demanda de Guarda, Custodia y Alimentos

C. JUEZ DE LO FAMILIAR EN TURNO

N N N, promoviendo por mi propio derecho, señalando como domicilio para oír y recibir toda clase de notificaciones el Despacho ubicado en el Andador Ahuyentador, número 33, colonia Caliente, de esta Ciudad Capital, y autorizando para oír en mi nombre y para recoger toda clase de documentos en mi representación, en términos del artículo 693 del Código Familiar de Michoacán, al Licenciado CESAR ENRIQUE OROZCO MARTINEZ; ante Usted, con el debido respeto, comparezco para exponer:

Que, por medio del presente escrito y documentos que acompaño, en la VÍA ORAL ESPECIAL FAMILIAR y en ejercicio de la ACCION DEL ESTADO CIVIL, vengo a demandar a los C.C.:

a) La señora N N N, de quien señalo domicilio para su legal emplazamiento el ubicado en Calle Cerro del Teporocho, número 252 doscientos cincuenta y dos, en la Colonia Lomas Pardas, de esta ciudad capital.

b) El señor N N N, de quien señalo domicilio para su legal emplazamiento el ubicado en Calle Río Negro, número 487 cuatrocientos ochenta y siete, de la Colonia Río Grande, de esta ciudad capital; de a quienes reclamo las siguientes:

P R E S T A C I O N E S

I. Se decrete de inmediato y de manera provisional la preferencia de **GUARDA y CUSTODIA** respecto de mis menores nietas **N N N y N N N,** para después hacerlo de manera **DEFINITIVA** en la sentencia correspondiente y definitiva.

II. Se ordene a los demandados la entrega inmediata y de manera provisional y en su caso de manera definitiva la guarda y custodia a favor de la suscrita.

III. Se ordene a los demandados el pago de **ALIMENTOS DEFINITIVOS** para mis menores nietas ya citadas.

IV. El pago de los gastos y costas que se generen la tramitación del presente juicio.

Me fundo para hacerlo en los siguientes hechos y consideraciones de derecho.

H E C H O S

PRIMERO. Desde el inicio del año dos mil siete, iniciaron una relación de concubinato N N N y N N N, no estableciendo un lugar fijo para su convivencia en la ciudad de Morelia, Michoacan, hasta finales del año 2010 dos mil diez.

SEGUNDO. Producto de la relación a la que se refiere el punto que antecede, los demandados procrearon a dos hijas de nombres N N N y N N N, tal y como lo demuestro con las copias certificadas de las actas de nacimiento de cada una de ellas, y que anexo al presente escrito.

TERCERO. He de hacer del conocimiento de su Señoría que N N N y N N N no se han preocupado ni ocupado por el sano desarrollo y bienestar de las menores N N N y N N N, a quienes desde pequeñas, he estado al pendiente de ellas en todo lo referente a su completo desarrollo económico, cultural, afectivo y educativo, y a pesar de que en varias ocasiones los busque para que las menores pudieran crecer dentro de un hogar, estos han hecho caso omiso.

CUARTO. Bajo protesta de decir verdad, manifiesto que la suscrita tiene los ingresos económicos suficientes para mantener a las menores N N N y N N N, y a mí misma, así también hago mención de que en determinado momento la C. N N N promovió controversia judicial de pensión alimenticia registrad abajo el número XXX/2013, contra N N N, y de la cual ya hay sentencia definitiva, mediante la cual el padre de las menores tiene la obligación de otorgar determinada cantidad mensual para las menores de edad.

QUINTO. He de manifestar a Su Señoría que los hoy demandados hasta la fecha de esta demanda se ha abstenido de cumplir con sus obligaciones alimentarías que como padre y madre les corresponden. En consecuencia y por el interés superior de las menores de edad, se debe determinar lo conducente en términos de ley.

Por lo que solicito de Su Señoría tenga a bien ordenar que la guarda y custodia de mi menor nieta quede a favor de la suscrita, por la inestabilidad emocional de la parte demandada.

P R U E B A S

I. LA CONFESIONAL DE HECHOS PROPIOS. Consistente en las posiciones que los C.C. N N N y N N N, deberán absolver de viva voz y que mi abogado patrono formulara el día que Usted tenga a bien señalar y que en forma personalísima los demandados deberán absolver para el desahogo de la prealudida prueba, apercibiéndoseles que para el caso de no comparecer a la citación sin justa causa, serán declarados confesos al tenor de las posiciones que resulten calificadas de legales, probanza relacionada con todos los hechos de la actual demanda y que se aporta para probar todos y cada uno de los hechos narrados en la presente demanda.

II. LA TESTIMONIAL. En un solo Artículo de Prueba, consistente en la declaración de viva voz que rindan las personas dignas de fe de los hechos que saben y les constan respecto de la guarda y custodia de las menores N N N y N N N; probanza que estará a cargo de N N N, con domicilio en …, y de N N N, con domicilio en …; probanza que tiene relación con todos y cada uno de los puntos de hechos del presente escrito, en especial y concreto con el punto número seis de hechos de la presente demanda inicial y que se ofrece para demostrar que las menores, estarán mejor con la suscrita en atención a su desarrollo integral.

III. LA TESTIMONIAL DE MENORES. Consistente en la declaración de viva voz que rindan las propias menores N N N y N N N. Probanza que tiene relación con todos y cada uno de los puntos de hechos del presente escrito, en especial y concreto con el punto número seis de hechos de la presente demanda inicial y que se ofrece para demostrar que las menores, estarán mejor con la suscrita en atención a su desarrollo integral.

IV. LA DOCUMENTAL PÚBLICA. Consistente en las actas de nacimiento de mis nietas N N N y N N N, probanza que tiene relación con el punto dos de hechos del presente escrito y que se ofrece para demostrar de que producto de la relación que existió entre N N N y N N N, quienes procreaon a las menores en referencia y que es procedente otorgarme la guarda y custodia provisional y definitiva. **Anexo 1.**

V. LA DOCUMENTAL PÚBLICA. Consistente en las Constancias de Estudio de la Escuela Primaria Urbana Federal "Gregorio Torres Quintero", en Morelia, Michoacan, con clave "16DPR0965Z", Expediente G/11 (2018-2019), Numero de Oficio 0118 a nombre de la menor N N N, y el Expediente G/11 (2018-2019), Numero de Oficio 0119 a nombre de la menor N N N, así también como las boletas de calificaciones, expedidas por la Dependencia escolar en mención, asimismo, presento algunos comprobantes de pagos de calzado. Pruebas que se ofrece para acreditar que, mis nietas menores de edad, siempre ha estado bajo mi cuidado y custodia, y que siempre he procurado el sano desarrollo físico, emocional mental y educativo de ellas. **Anexo 2.**

VI. LA DOCUMENTAL PRIVADA. Consistente en los comprobantes de pagos de calzado. Pruebas que se ofrece para acreditar que, mis nietas menores de edad, siempre ha estado bajo mi cuidado y custodia, y que siempre he procurado el sano desarrollo físico, emocional mental y educativo de ellas. **Anexo 3.**

VII. PERICIAL EN TRABAJO SOCIAL. Consistente en el trabajo social que realice el personal del Departamento de Trabajo Social de este Tribunal, respecto a las condiciones generales en que viven las menores N N N y N N N en mi domicilio, y a su vez que se me realice un estudio socioeconómico para con ello acreditar que tengo la solvencia moral y económica para el pleno desarrollo de las menores. Prueba que se ofrece para acreditar que, mis nietas menores de edad, siempre ha estado bajo mi cuidado y custodia, y que siempre he procurado el sano desarrollo físico, emocional mental y educativo de ellas. **Anexo 4.**

VIII. LA PERICIAL PSICOLÓGICA. A cargo del Profesional de Psicología de este Tribunal, Perito que determinará el estado general que guardan las menores N N N y N N N con sus padres N N N y N N N. Prueba que se ofrece para acreditar que, mis nietas menores de edad, siempre ha estado bajo mi cuidado y custodia, y que siempre he procurado el sano desarrollo físico, emocional mental y educativo de ellas. **Anexo 5.**

IX. **LA INSTRUMENTAL DE ACTUACIONES.** Consistente en todas y cada una de las actuaciones practicadas y las que se practiquen dentro del presente juicio, en tanto y cuanto favorezcan a mi interés Prueba que tiene como fin demostrar todos y cada uno de los puntos de la presente demanda y que se relacionan con todos los puntos de hechos del presente escrito inicial.

X. **LA INSTRUMENTAL DE ACTUACIONES.** Consistente en todas y cada una de las actuaciones y documentos que conforman el expediente en que se actúa y en todo lo que beneficie a los intereses de las menores N N N y N N N. Esta prueba se relaciona con los todos los Hechos de este escrito inicial de demanda y con la cual acreditaré que los demandados no han cumplido en forma constante con sus obligaciones alimentarias en favor de las menores, aun y que hay una sentencia definitiva de pensión alimenticia promovida por N N N contra N N N con número de expediente XXX/2013 en la cual establece que el padre tiene la obligatoriedad de otorgar pensión alimenticia en favor de las menores NNN y NNN. Siendo que la suscrita es quien ha proporcionado sus necesidades básicas de las menores desde a pequeña edad de ellas. Prueba que acredito con copias certificadas de la sentencia definitiva de pensión alimenticia. **Anexo 6.**

X. LA PRESUNCIONAL. En su doble aspecto, legal y humana, en todo lo que beneficie a los intereses de la parte actora y de las menores N N N y N N N. Esta prueba se relaciona con los todos los Hechos de este escrito inicial de demanda y con la cual acreditaré que el demandado no ha cumplido con la guardia y custodia, así como con sus obligaciones alimentarias en favor de las menores N N N y N N N, y para que la parte actora haya podido solventar las necesidades básicas del niño, cuenta con un trabajo.

D E R E C H O

I. Es usted competente Ciudadano Juez para conocer de las presentes diligencias, en términos de los artículos 14, 16, 104 fracción I y 133 Constitucional, 4° de la Ley Orgánica del Poder Judicial del Estado, 778, 779, 793, 795 y 797 del Código Familiar del Estado.

II. Mi personalidad se encuentra debidamente acreditada, de acuerdo a los artículos 688, 691 y 692 del Código Familiar del Estado, 38 y 39 del supletorio Código de Procedimientos Civiles del Estado.

III. En cuanto al fondo del asunto se encuentra reglamentado por los artículos 307 al 313, 326 al 333, 436 a 442, 443 a 446, 451, 457, 466, 470 y demás relativos y aplicables al Código Familiar del Estado.

IV. En cuanto al procedimiento se encuentra establecido por los artículos 688 al 699, 929, 932, 938, 941, 970, 971, 1000 y demás relativos y aplicables del Código de Procedimientos Civiles para el Estado.

Por lo anterior expuesto y fundado, **ATENTAMENTE PIDO:**

1. Tenerme por presentada con este escrito, promoviendo juicio especial consistente en la **DECLARACIÓN JUDICIAL SOBRE ALIMENTOS, GUARDA Y CUSTODIA DEFINITIVA** de mis nietas N N N y N N N a favor de la suscrita N N N.

2. Decretar la guarda y custodia provisional y en su momento la definitiva, así como la entrega de las menores N N N y N N N con todas sus consecuencias y con las copias simples se sirva correr traslado a los demandados en términos de ley, apercibiendo a los demandados que en caso de no hacerlo se le impondrán las medidas de apremio que por ley son conducentes.

3. Señale día y hora, para efecto de que tenga verificativo la Audiencia de Juicio para discutir los derechos de protección de los intereses particulares de las menores N N N y N N N, para que su Señoría resuelva lo conducente y de no lograrlo se desahogue el material probatorio que así lo requiera para que posteriormente se sirva dictar la sentencia definitiva.

4. Previos trámites de Ley, se dicte sentencia definitiva, otorgándoseme la **DECLARACIÓN JUDICIAL SOBRE ALIMENTOS, GUARDA Y CUSTODIA DEFINITIVA** de mis nietas N N N y N N N, a favor de la suscrita N N N.

PROTESTO A USTED MI RESPETO

Morelia, Michoacán, al día de su presentación.-

N N N

AUTORIZADO: LIC. CÉSAR ENRIQUE OROZCO MARTÍNEZ, C.P. 11152233.

4.3. El escrito de contestación de demanda judicial familiar

El líbelo contiene estos apartados:

1) La autoridad destinataria del escrito. Será dirigido a la autoridad justiciera que lo emplazó. Se remite al C. Juez de lo Familiar correspondiente del distrito judicial de Morelia, Michoacán, o ante un juez civil en otro distrito judicial carente de juez familiar, o ante un juez mixto de primera instancia.

2) El proemio contiene el nombre del promovente demandado, el domicilio competo para entablar comunicación el órgano de justicia y los nombres de las personas que autoriza para recibir notificaciones, documentos, valores e imponerse de los autos, señalar los datos de la clase y del número del juicio; teniendo al final la frase de cortesía.

3) El párrafo inicial contiene el acto jurídico mismo de contestación de la demanda judicial.

4) A las prestaciones, se les contesta señalando lisa y llanamente si son o no son procedentes.

5) A los hechos, se les contesta señalando se manera lacónica si es o no es cierto.

6) A las pruebas, se les contesta haciendo algunas propias u objetando algunas otras anticipadamente.

7) Al derecho, se le responde genéricamente su inaplicabilidad por mero formalismo.

8) Las excepciones y defensas, se interponen al formar parte de la litis propia de la parte demandada, aquí es donde se contraargumentan los hechos al ser muy brevemente negados en su contestación, pero en este apartado siempre debe

argumentarse la causa, razón o motivo de la falsedad en cada hecho de la demanda.

9) Las pruebas, son los medios de convicción que deben ofrendarse a efecto de demostrar los extremos de las excepciones y defensas interpuestas que integran la litis del demandado.

10) Hay un párrafo final que contiene el fundamento de derecho, que contiene el conjunto de invocaciones de los artículos conducentes de la legislación adjetiva del ramo familiar.

11) Los puntos petitorios, son el resumen de las solicitudes que se estuvieron presentando a lo largo del líbelo.

12) El calzamiento, es la impresión del lugar, la fecha y las firmas de los promoventes o apoderados jurídicos y/o abogados autorizantes.

4.4. Modelo de escrito de contestación de demanda judicial familiar

C. JUEZ XXX DE LO FAMILIAR

MARIA ARACELI TRUJILLO RANGEL, Abogada, Apoderada Jurídica, de la C. N N N, personería que solicito se me reconozca en los términos del Poder Notarial que adjunto a la presente, señalando para oír y recibir todo tipo de notificaciones y toda clase de documentos personales el ubicado en la calle Patriotismo, número 197 ciento noventa y siete, de la Colonia Morelos, de esta Ciudad de Morelia, Michoacán, autorizando para recibirlas a las CC. Abogadas ITZEL ALEJANDRA HERNÁNDEZ RANGEL y/o IVETTE MARIBEL BARRIGA CONTRERAS, gestionando dentro del Juicio Oral Ordinario Familiar número XXX/2016; ante Usted comparezco a exponer:

Mediante el presente ocurso, estando en tiempo y forma vengo a dar contestación a la demanda enderezada por N N N, en contra de mi poderdante la C. N N N, al tenor siguiente:

A LAS PRESTACIONES

1. Mi Poderdante la C. N N N, está de acuerdo en la Disolución del Vínculo Matrimonial en cuanto a la prestación demandada, no así en cuanto a los hechos narrados en la presente; en consecuencia, mi representada se allana de esta prestación y acepta la disolución del Vínculo Matrimonial ÚNICAMENTE, más no acepta los hechos narrados por el actor C. N N N;

2. Es improcedente y en demasía injusta esta prestación reclamada a mi poderdante y carece del derecho y de acción el actor para demandar esta prestación que indica en su escrito inicial de demanda en el numeral 2, por las razones que manifiesto más adelante en la contestación a los hechos.

A LOS HECHOS

AL PRIMERO. Es cierto.

AL SEGUNDO. Es cierto.

AL TERCERO. Es cierto.

AL CUARTO. No es cierto.

AL QUINTO. No es cierto.

AL SEXTO. No es cierto.

AL DERECHO

Son inaplicables al fondo y al procedimiento los numerales

invocados por el actor en su libelo inicial.

EXCEPCIONES Y DEFENSAS

Desde luego que interponemos las siguientes:

I. LA DE IMPROCEDENCIA DE LA ACCIÓN. Toda vez que el actor no reúne los requisitos establecidos por la Ley mucho menos los elementos necesarios para acreditar la acción ejercitada;

II. LA DE FALSEDAD DE LOS HECHOS DE LA DEMANDA. Respecto al Hecho **CUARTO,** no es cierto este hecho que narra el actor N N N, por lo que le arrojo la carga probatoria, ya que mi representada la C. N N N, siempre demostró un carácter de sumisión ante y debido a la conducta voluntariosa ejercida por el actor en contra de mi poderdante la C. N N N, mi representada siempre estuvo en un constante temor desde el día que contrajo matrimonio CIVIL con el actor le ha sido impuesto por su cónyuge la obligación de abstenerse de tener amistades, de salir a tener vida social a excepción de sólo ir a su trabajo, por lo que respecta a lo narrado por el actor en este hecho referente a la conducta explosiva y autoritaria, estas conductas autoritarias las tiene el actor hacia mi representada, ya que el actor controlaba incluso la tarjeta bancaria de mi poderdante la C. N N N, así como también tiene conocimiento del nip (NÚMERO DE IDENTIFICACIÓN PERSONAL), tanto de la tarjeta bancaria así como la contraseña de los correos electrónicos aún y cuando son de carácter personal, por lo tanto es totalmente incongruente y falso las calificativas que le da el actor en este hecho a mi representada por lo que con estas calificativas se denota que el manipulador obsesivo y grosero es el actor ya que públicamente le da a mi representada esas acepciones de personalidad, por lo que mi representada no puede ser manipuladora si el control de las amistades, cuentas bancarias, cuentas de internet de mi poderdante siempre lo tuvo el actor y con lo que respecta al último renglón de este hecho mi poderdante manifiesta es totalmente falso.

III. LA DE FALSEDAD DE LOS HECHOS DE LA DEMANDA.

Respecto al Hecho **QUINTO,** porque el actor abandono el domicilio conyugal por diferencias e incompatibilidad de caracteres y en la fecha que señala el actor en su hecho QUINTO de la demanda, por lo que sin tomar en cuenta a mi representada el actor tomo la decisión de terminar la relación matrimonial e irse del hogar conyugal; mi representada manifiesta también que siempre ha tenido una relación cordial con su aún marido tan es así que para corroborarlo exhibe desde este momento copias simples y certificadas de las DILIGENCIAS DE JURISDICCIÓN VOLUNTARIA SOBRE DIVORCIO POR MUTUO CONSENTIMIENTO NÚMERO expediente XXX/13 tramitado ante el Juzgado XXX Familiar de este Distrito Judicial, con estas copias se acredita la buena relación de mi representada con su cónyuge, la razón por lo que no se disolvió el vínculo matrimonial lo fue por que el consorte de mi representada no exhibió la garantía fijada por concepto de alimentos para sus menores hijos como de autos del citado expediente se puede constatar, en consecuencia se puede corroborar la disposición de mi mandante para que se lleve a cabo la disolución del vínculo matrimonial, y por ende la buena relación que lleva mi representada con el actor, a pesar de lo controlador y autoritario que fue el actor durante el matrimonio civil, mi representada siempre pensando en el bienestar de sus menores hijos y en lo más sano para el matrimonio decidió aceptar el divorcio por mutuo consentimiento incluso en este escrito manifiesta conformidad para que se disuelva el vínculo matrimonial, pero no en los términos que el actor manifiesta; por otro lado es por demás injusto que el actor intente como prestación el pago y cobro de los gastos y costos del presente juicio, cuando ha sido el actor el que ha dado origen a la disolución del vínculo matrimonial lo que se acredita con lo manifestado por el actor en su hecho QUINTO, por lo que si el actor dio origen a este juicio él debe de solventar el pago de sus gastos y costos del presente juicio, es demasiado injusto que mi representada con los gastos de alimentos y el cuidado de sus menores hijos encima tenga que solventar a su cónyuge esta prestación tomando en cuenta que mi representada es una mujer sola no tiene familiares en esta Ciudad, con muy pocas amistades las cuales dejo de frecuentar por imposición de su compañero marital y que hasta ahora que ella está sola ha vuelto a convivir, en consecuencia debe de valorarse y tomarse en consideración el sacrificio económico de mi representada para solventar los gastos básicos de sus menores hijos y adicionales que con la buena educación y una vida digna, sin lujos, ni ostentosidades conlleva, en razón de que una madre; por lo tanto, se debe de ABSOLVER A MI REPRESENTADA DE LA PRESTACIÓN NÚMERO 2, por los motivos ya especificados con antelación.;

IV.   LA DE FALSEDAD DE LOS HECHOS DE LA DEMANDA.
Respecto al Hecho **SEXTO,** los depósitos bancarios son insuficientes para solventar los gastos de los menores hijos de mi poderdante, y con lo que respecta a lo narrado en los últimos cinco renglones del primer párrafo de este hecho es totalmente falso, y con lo que respecta al último párrafo de este hecho es falso porque el actor siguió teniendo acceso al domicilio conyugal y convivía tanto con mi representada, así como con sus menores hijos, tenía mi representada una relación cordial con su esposo tan es así que después que el actor abandono el domicilio conyugal el actor seguía frecuentando el hogar conyugal comía y convivía con sus menores hijos, lo único es que ya no dormía en el hogar conyugal por lo demás mi representada está de acuerdo en la disolución del vínculo matrimonial, mas no en la manera que el actor pretende narrar los hechos de la presente demanda.;

V.   LA DE FALTA DE DERECHO PARA DEMANDAR. Porque desde el día 1° primero de agosto del 2009 dos mil nueve, relatada en el hecho **QUINTO** de su demanda inicial, el actor abandono el domicilio conyugal;

VI.   LA DE OSCURIDAD EN LOS HECHOS DE LA DEMANDA.
En virtud de que por la oscuridad de lo relatado, deja a mi representada en estado de indefensión, para dar contestación y ante todo, para oponer excepciones y defensas, y respecto al Hecho QUINTO, porque definitivamente ha confesado expresamente el actor en ese mismo hecho que el día primero del mes de agosto, abandono el domicilio conyugal sin ser especifico en proporcionar y acreditar los motivos y detalles de modo, tiempo y lugar;

VII.   LA DE SINE ACCIONE AGIS. Consiste en la falta de derecho para ejercitar la acción por parte del actor, en virtud de que abandono el hogar conyugal, en consecuencia el derecho a demandar lo tiene mi representada;

VIII.   LA PLUS PETITIO. En atención a que no le asiste derecho alguno a la parte actora para exigir las prestaciones que reclaman y que precisa en dicho capítulo;

IX.   LA DE MALA FE DEL ACTOR. En razón de que el actor aún y habiendo confesado en su escrito inicial de demanda menciona haber abandonado el hogar conyugal, pretende hacer valer sus acciones y prestaciones en su demanda;

X.   LA DE DOLO PROCESAL DEL ACTOR. Porque al carecer del derecho a demandar en razón de la confesión expresa del abandono del domicilio conyugal, pretende el actor ser el cónyuge que no ha dado causa al presente juicio, aún y estando confeso, sorprendiendo entonces a la buena fe de este H. Órgano de Justicia Familiar,

XI.   TODAS LAS DEMÁS QUE SE DESPRENDAN DEL CONTENIDO DE ESTE ESCRITO.

ACUSE DE REBELDÍA

Acuso al actor la correspondiente rebeldía para que no exhiba, ni agregue más documentos que los ofrecidos en su escrito inicial de demanda, ni que la modifique, conforme a lo que ordena el numeral 849 del Código Familiar vigente en el Estado, y los artículos 301 y 305 del supletorio Código de Procedimientos Civiles vigente en el Estado.

RECONVENCIÓN

Por medio del presente ocurso, vengo como apoderada jurídica de la C. N N N, a presentar formal Reconvención (o Contrademanda) en contra del C. N N N, con domicilio para su emplazamiento el señalado por el actor para recibir notificaciones personales, en el despacho jurídico ubicado en la calle Leona Vicario, número 62 sesenta y dos, interior 10 diez, del Centro, de la ciudad de Morelia, Michoacán; reclamo a favor de mi mandante la C. N N N, las siguientes:

PRESTACIONES

a) El pago de la Pensión Mensual por concepto de alimentos provisionales y, en su momento, definitivos al 50% cincuenta por ciento del salario percibido por el C. N N N, como trabajador de la Secretaría de salud, a favor de sus menores hijos N N N y N N N

b) El cumplimiento del Convenio de alimentos y pensión alimenticia exhibido conjuntamente con el escrito de las DILIGENCIAS DE JURISDICCIÓN VOLUNTARIA SOBRE DIVORCIO POR MUTUO CONSENTIMIENTO, tramitado en el juzgado XXX familiar de este Distrito Judicial, bajo el número de expediente XXX/2013, del cual desde este momento se exhiben copias certificadas;

c) El pago de gastos, costas judiciales y Honorarios Profesionales, derivados de la tramitación del presente juicio, previa su regulación procesal.

Fundo la presente RECONVENCIÓN en la siguiente relación de hechos y preceptos de derecho.

H E C H O S

PRIMERO. Mi representada C. N N N, y su cónyuge el C. N N N, contrajeron matrimonio civil con data 27 veintisiete de agosto del año 1999 un mil novecientos noventa y nueve, cuya acta de matrimonio ya obra en autos, de esa unión marital nacieron producto del matrimonio los menores hijos de nombres N N N, nacido el día 9 nueve de septiembre del año 1999 un mil novecientos noventa y nueve, con una edad de 11 once años 5 cinco meses y 12 doce días, y N N N, nacido el día 26 veintiséis de agosto del año 2005 dos mil cinco, con una edad de 5 cinco años, cinco meses y 26 veintiséis días, cuyas partidas de nacimiento ya obran en autos, las cuales hago mías para todos los efectos a que haya lugar.

SEGUNDO. Con fecha 1 primero de agosto del 2009 dos mil nueve el reconvenido C. N N N, abandono el domicilio conyugal y desde esa fecha no ha otorgado cantidad suficiente para el sostenimiento y subsistencia de sus menores hijos, incluso con data 25 veinticinco de septiembre del año dos mil nueve, mi poderdante la C. N N N y su cónyuge el C. N N N, promovieron DILIGENCIAS DE JURISDICCIOÓN VOLUNTARIA SOBRE DIVORCIO POR MUTUO CONSENTIMIENTO, tocándole para su trámite al Juzgado Xxx Familiar bajo el número de expediente XXX/13, de este Distrito Judicial.

TERCERO. Al escrito de las DILIGENCIAS DE JURISDICCIÓN VOLUNTARIA SOBRE DIVORCIO POR MUTUO CONSENTIMIENTO, se adjuntó el convenio que sobre alimentos, convivencia de los menores hijos exige la Ley mediante la ahora vigente regulación del numeral 284 Código Familiar vigente en el Estado, donde el reconvenido C. N N N, se obliga en la segunda cláusula del convenio lo que a la letra dice:...*__Segunda: Para atender las necesidades alimenticias de los menores N y N de apellidos N N, tanto durante el procedimiento, como después de ejecutoriado el divorcio, el señor N N N, OTORGARÁ POR CONCEPTO DE ALIMENTOS LA CANTIDAD DE DINERO QUE RESULTE DE OBTENER DEL 50% CINCUENTA POR CIENTO, del salario que como empleado percibe...__* Lo que se acredita con las copias certificadas de las Diligencias de Jurisdicción Voluntaria sobre Divorcio por Mutuo consentimiento y que se adjuntan a la presente reconvención.

CUARTO. Resulta que los gastos de mi poderdante C. N N N, ascienden aproximadamente por concepto de alimentos a la cantidad de $8,000.00 (OCHO MIL PESOS 00/100 M.N.), de sus menores hijos N y N de apellidos N N, por lo que he de manifestar que los elementos que comprenden los alimentos lo son: comida, vestido, habitación, educación, atención médica etc., por tal razón la C. N N N, se ve en la necesidad de demandar al padre de sus menores hijos, los alimentos tanto provisionales como definitivos, ya que como lo mencione anteriormente mi representada la C. N N N, tiene gastos que ascienden aproximadamente a la cantidad de $8,000.00 (OCHO MIL PESOS 00/100 M.N.), de los cuales por concepto de despensa mensual comprenden leche, pan, cereales, yogurt, frutas, verduras, etc. Asciende aproximadamente a la cantidad de $4,000.00 (CUATRO MIL PESOS 00/100 M.N), y por concepto de educación, escolares, atención médica, casa habitación, ropa, zapatos normales y zapato especial ortopédico, transporte escolar, recibos de agua, luz, telefono, gas lp, etc., lo que asciende aproximadamente a la cantidad de $4,000.00 (CUATRO MIL PESOS 00/100 M.N.), y de estos gastos el reconvenido tiene conocimiento, sabe que mi representada tiene que pagar incluso la casa habitación al Infonavit, lo que acredito exhibiendo algunos de los recibos de pagos tanto de los gastos de alimentos de sus menores hijos así como de la casa habitación del infonavit, manifestando mi poderdante que es la casa que siempre han habitado y sigue habitando con sus menores hijos.

MEDIDAS PROVISIONALES

Solicitamos la realización de las siguientes:

I. Separación de los concubinos.

II.   Guarda y Custodia para la actora, de sus menores hijos.

III.   Advertencia al demandado para no molestar a la actora y sus menores hijos en su persona ni en su patrimonio.

IV.   Embargo precautorio al demandado, para el pago de alimentos.

P R U E B A S

I. **CONFESIONAL DE HECHOS PROPIOS.** Consistente en las posiciones que el C. N N N, deberá absolver de viva voz y que formularé el día que Usted tenga a bien señalar y que en forma personalísima el demandado deberán absolver para el desahogo de la prealudida prueba, apercibiéndosele que para el caso de no comparecer a la citación sin justa causa, serán declarados confesos al tenor de las posiciones que resulten calificadas de legales, probanza relacionada con todos los hechos de la actual demanda y que se aporta para probar todos y cada uno de los hechos narrados en la presente demanda.

II. **TESTIMONIAL.** En un solo Artículo de Prueba, consistente en la declaración de viva voz que rindan las personas dignas de fe de los hechos que saben y les constan; probanza que estará a cargo de N N N, con domicilio en ..., y de N N N, con domicilio en ...; probanza que tiene relación con todos y cada uno de los puntos de hechos del presente escrito, en especial y concreto con el punto número xxx de hechos de la presente demanda inicial y que se ofrece para demostrar la necesidad de la disolución del vínculo matrimonial y de la procedencia de las prestaciones reclamadas.

III. TESTIMONIAL DE MENORES. Consistente en la declaración de viva voz que rindan los propios menores N N N y N N N. Probanza que tiene relación con todos y cada uno de los puntos de hechos del presente escrito, en especial y concreto con el punto número xxx de hechos de la presente demanda inicial y que se ofrece para demostrar la necesidad de la disolución del vínculo matrimonial y de la procedencia de las prestaciones reclamadas.

IV. DOCUMENTAL PÚBLICA. Consistente en las actas de nacimiento de mis hijos N N N y N N N, probanza que tiene relación con el punto dos de hechos del presente escrito y que se ofrece para demostrar de que producto de la relación que existió entre N N N y N N N, quienes procrearon a las menores en referencia y la necesidad de la disolución del vínculo matrimonial y de la procedencia de las prestaciones reclamadas.

V. DOCUMENTAL PÚBLICA. Consistente en las Constancias de Estudio de la Escuela Primaria Urbana Federal "Gregorio Torres Quintero", en Morelia, Michoacan, con clave "16DPR0965Z", Expediente G/11 (2018-2019), Numero de Oficio 0118 a nombre del menor N N N, y el Expediente G/11 (2018-2019), Numero de Oficio 0119 a nombre del menor N N N, así también como las boletas de calificaciones, expedidas por la Dependencia escolar en mención, asimismo, presento algunos comprobantes de pagos de calzado. Pruebas que se ofrece para acreditar la necesidad de la disolución del vínculo matrimonial y de la procedencia de las prestaciones reclamadas.

VI. DOCUMENTAL PRIVADA. Consistente en los comprobantes de pagos de calzado. Pruebas que se ofrece para acreditar la necesidad de la disolución del vínculo matrimonial y de la procedencia de las prestaciones reclamadas.

VII. PERICIAL EN TRABAJO SOCIAL. Consistente en el trabajo social que realice el personal del Departamento de Trabajo Social de este Tribunal, respecto a las condiciones generales en que viven los menores N N N y N N N en mi domicilio, y a su vez que se me realice un estudio socioeconómico para con ello acreditar que tengo la solvencia moral y económica para el pleno desarrollo de las menores. **Prueba que se ofrece para acreditar la necesidad de la disolución del vínculo matrimonial y de la procedencia de las prestaciones reclamadas.**

IX. PERICIAL PSICOLÓGICA. A cargo del Profesional de Psicología de este Tribunal, Perito que determinará el estado general que guardan los menores N N N y N N N con sus padres N N N y N N N. Prueba que se ofrece para acreditar la necesidad de la disolución del vínculo matrimonial y de la procedencia de las prestaciones reclamadas.

X. INSTRUMENTAL DE ACTUACIONES. Consistente en todas y cada una de las actuaciones practicadas y las que se practiquen dentro del presente juicio, en tanto y cuanto favorezcan a mi interés Prueba que tiene como fin demostrar todos y cada uno de los puntos de la presente demanda y que se relacionan con todos los puntos de hechos del presente escrito inicial, sobre todo la necesidad de la disolución del vínculo matrimonial y de la procedencia de las prestaciones reclamadas.

XI. INSTRUMENTAL DE ACTUACIONES. Consistente en todas y cada una de las actuaciones y documentos que conforman el expediente en que se actúa y en todo lo que beneficie a los intereses de los menores N N N y N N N. Esta prueba se relaciona con los todos los Hechos de este escrito inicial de demanda y con la cual acreditaré la necesidad de la disolución del vínculo matrimonial y de la procedencia de las prestaciones reclamadas.

XII. PRESUNCIONAL. En su doble aspecto, legal y humana, en todo lo que beneficie a los intereses de la parte actora y de los menores N N N y N N N. Esta prueba se relaciona con los todos los Hechos de este escrito inicial de demanda y con la cual acreditaré que el demandado no ha cumplido con la guardia y custodia, así como con sus obligaciones alimentarias en favor de las menores N N N y N N N, y para que la parte actora haya podido solventar las necesidades básicas del niño, cuenta con un trabajo.

D E R E C H O

I. Son aplicables al fondo los artículos 1° al 8°, 259 al 261, 452, 453, 454, 456, 458,465, 466, 468, 470, 472 y demás aplicables del Código Familiar vigente en el Estado;

II.   Norman el procedimiento los numerales 845, 846, 849, 853, 854, 900, 955 y demás aplicables del Código Familiar vigente en el Estado.

Por lo anteriormente expuesto y fundado,

A USTED, C. JUEZ, ATENTAMENTE PIDO:

1.   Que se me tenga por hecha la manifestación contenida en el cuerpo de este líbelo;

2.   Que se me reconozca la personería con la que actúo;

3.   Que se me tenga por señalando domicilio para oír y recibir todo tipo de notificaciones y toda clase de documentos personales y por autorizadas las profesionistas indicadas;

4.   Que se me tenga por dando contestación a la demanda inicial;

5.   Que se me tenga por interpuestas las excepciones y defensas de Ley;

6.   Admitir la correspondiente RECONVENCIÓN en la Vía y términos propuestos;

7.   Correr traslado al C. N N N, en el domicilio señalado para tal efecto;

8. Que se me tenga por solicitando se decrete como medida precautoria en contra del C. N N N, el embargo precautorio por concepto de alimentos y pensión alimenticia;

9. En su oportunidad, una vez seguido el juicio por todos sus trámites decretar la procedencia de la prestación bajo el numeral I UNO únicamente en lo referente a la disolución del vínculo matrimonial y la improcedencia en cuanto a los hechos, motivos y detalles que pretende hacer valer el C. N N N, y respecto a la prestación número II DOS solicito se decrete improcedente;

10. Solicito se haga efectiva la medida precautoria solicitada por mi representada.

11. Así mismo solicito se decrete la admisión y emplazamiento de la presente RECONVENCIÓN.

12. En su oportunidad, y una vez seguidos los trámites judiciales, decretar la procedencia de nuestra Acción Reconvencional.

MORELIA, MICHOACÁN, AL DÍA DE SU PRESENTACIÓN.----------

LIC. MARÍA ARACELI TRUJILLO RANGEL, CED. PROF. FED. 5917966

IV .-LOS ÉXITOS DE LA ORALIDAD FAMILIAR

La Oralidad Judicial es un principio mediante el cual el abogado podrá conocer el uso efectivo de la palabra hablada para abreviar las pesadas fases procesales tradicionales, para que en cuestión de una audiencia o en un par de ellas se resuelvan los asuntos judiciales familiares.

Todo ciudadano tiene el anhelo de que se le procure justicia y de que se le imparta para superar y evolucionar sus condiciones y calidad de vida, para ello debe siempre tener del apoyo profesional de un abogado capacitado convertido en un agente de cambio.

Este discurso lo fundamos en un cambio de hábitos y de actitud profesional, para que el abogado sea proactivo, haciendo que las cosas sucedan.

Ahora el impartidor de justicia, auxiliado de sus secretarios de acuerdos, actuarios, proyectistas, escribientes y demás servidores públicos, sólo se queda en la etapa preliminar o postulatoria a la expectativa recibiendo las promociones de los particulares patrocinados para solamente darles la respuesta conforme a derecho.

Finalmente en las audiencias se convierten los jueces familiares en reales actores que liderean esos actos judiciales conociendo realmente a las partes y lo oculto de sus pretensiones, para descubrir lo verídico y/o lo falaz de sus posturas.

Es tiempo ahora que con la Oralidad Judicial deben tener un papel más serio de compromiso con la agilización de los asuntos judiciales familiares, hasta la caducidad de la instancia fue desaparecida de la codificación familiar, por ser inoperante.

Ya la oralidad da la pauta para que el Juez familiar, dentro de las audiencias ya agilice el decurso de los procesos familiares sujetos bajo su autoridad, porque así se lo ordena la legislación vigente.

La Oralidad Judicial se hace valer hasta en las demandas familiares que pueden ser verbales, pero se reserva su redacción por escrito para garantizar y precisar mejor las acciones y las pruebas a ofrecer; pero se engalana mejor con las audiencias previstas, dando facultades a los jueces para agilizar el decurso del proceso judicial familiar y no gastar más tiempo en su tramitación.

Los jueces tienen la onza para exigir profesionalismo a los abogados para agilizar las audiencias familiares, cambiando su imagen de mejora continua con una impartición de justicia humanística y abreviar horas humanas de trabajo judicial necesario para utilizarlo en el trato de más asuntos y abatir el rezago.

Los jueces familiares ya tienen el cuidado de hacer evolucionar y avanzar los asuntos bajo su cuidado profesional, a efecto de hacerlos progresar con audiencias concentradas con cambios rápidos de una fase procesal a la otra, por ser ello ya legislado.

Aunado ello, ya se puede percibir en las audiencias el cambio ágil de una fase procesal a la otra, facilitando una justicia pronta y completa para la ciudadanía con el debido proceso familiar, lo cual se contempla como derecho humano en el artículo 17 Constitucional para la población justiciable.

V. Reflexiones Finales

Expuesto este trabajo, emitimos estas Conclusiones:

PRIMERA. Con el abrogado Código Familiar de Michoacán del 11 de febrero del 2008 se independiza la materia familiar.

SEGUNDA. Con el Código Familiar de Michoacán del 30 de septiembre del 2015, se incorpora la oralidad en los juicios familiares.

TERCERA. Le etapa postulatoria es sólo escrita y concentrada, porque ahora la demanda y la contestación siguen siéndolo y ahora contienen el ofrecimiento anticipado de las pruebas con la forma de Ley.

CUARTA. El éxito de la justicia familiar radica en la agilidad del negocio judicial por medio de las audiencias diseñadas para compactar etapas procesales y agilizar su solución.

QUINTA. Con la oralidad los abogados debemos capacitarnos en el uso racional y sencillo de la oratoria, para lograr ayudar en agilizar la solución de los juicios familiares y garantizar a la ciudadanía la anhelada justicia pronta.

SEXTA. La oralidad en sí representa un éxito al ahorrar tiempo en horas humanas de trabajo judicial para enjuiciar los asuntos familiares, y no se genere el molesto rezago judicial.

VI. Fuentes de Información

Legísgrafia

Código Familiar para el Estado de Michoacán de Ocampo. Periódico Oficial del Estado de Michoacán de Ocampo, Morelia, Michoacán, 11 de febrero del 2008.

Código Familiar para el Estado de Michoacán de Ocampo. Periódico Oficial del Estado de Michoacán de Ocampo, Morelia, Michoacán, 30 de septiembre del 2015.

Constitución Política de los Estados Unidos Mexicanos. Diario Oficial de la Federación, Ciudad de México, 05 de febrero de 1917.

Constitución Política del Estado de Michoacán de Ocampo. Periódico Oficial del Estado de Michoacán de Ocampo, Morelia, Michoacán, 1918.

Bibliografía

Arellano García, Carlos. *Derecho procesal civil,* Edit. Porrúa, México, 2008.

Contreras Vaca, Francisco José. *Derecho procesal civil, tomos I y II,* Edit. Óxford, México, 2005.

Contreras Vaca, Francisco José. *Derecho procesal civil, Teoría y clínica,* Edit. Óxford, México, 2010.

De Pina, Rafael; Castillo Larrañaga, José. *Instituciones de derecho procesal civil,* Edit. Porrúa, México, 2008.

García Máynez, Eduardo. *Introducción al estudio del derecho,* Edit. Porrúa, México, 2009.

Gómez Lara, Cipriano. *Derecho procesal civil,* Edit. Óxford, México, 2008.

Instituto De Investigaciones Jurídicas, UNAM. *Diccionario jurídico mexicano,* Edit. Porrúa-UNAM, México, 2012.

Instituto De Investigaciones Jurídicas, UNAM. *Enciclopedia jurídica latinoamericana,* Edit. Porrúa-UNAM, México, 2015.

Instituto De Investigaciones Jurídicas, UNAM. *Enciclopedia jurídica mexicana,* Edit. Porrúa-UNAM, México, 2015.

Ovalle Favela, José. *Derecho procesal civil,* Edit. Óxford, México, 2008.

Pallares, Eduardo. *Derecho procesal civil,* Edit. Porrúa, México, 2008.

Sánchez Martínez, Francisco; Sánchez Cantú, Silvia. *Formulario de derecho civil y jurisprudencia,* Edit. Cárdenas, México, 1993.

Torres Fernández, Yasnaya. *La clínica procesal,* Ediciones Michoacanas, Morelia (México), 2018.

Valenzuela, Arturo. *Derecho procesal civil,* Edit. Carrillo, México, 1983.

Hemerografía

Periódico Oficial del Estado. Primera Sección, número 34, tomo CXLIII, Morelia, Michoacán, 11 de febrero del 2008.

Periódico Oficial del Estado. Décima Cuarta Sección, número 5, tomo CLXIII, Morelia, Michoacán, 30 de septiembre del 2015.

Cibergrafía

Derecho Civil Y Social, Revista Electrónica, visible en el portal: http://www.themis.umich.mx/deciso/

http://www.congresomich.gob.mx/

http://www.normateca.gob.mx/

http://www.ordenjuridico.gob.mx/

http://www.poderjudicialmichoacan.gob.mx/

http://www.scjn.gob.mx/

CAPÍTULO V

De la "revolución" de los "jueces rojos" a la Ley Veil : cuando un movimiento ideológico transforma el Estado y el paradigma de la impartición de Justicia

(From the "revolution" of the "red judges" to the Veil Law: when an ideological movement transforms the State and the paradigm of the delivery of Justice)

Teresa Maria Geraldes Da Cunha Lopes [32]

Resumen : El presente capítulo, intitulado "De la "revolución" de los "jueces rojos" a la Ley Veil: cuando un movimiento ideológico transforma el Estado y el paradigma de la impartición de Justicia" pretende analizar las interacciones, enfrentamientos y convergencias entre feminismo, marxismo y estado frente a la problemática del aborto. Trabajaremos un contexto y un periodo preciso, a saber: la trayectoria de la lucha por la legalización del aborto en Francia , analizando el impacto de la acción del sindicato de la magistratura conocido como "jueces rojos (marxista)

---

[32]

en el proceso de Bobigny (1972),en el ataque a las posiciones de represión de un Estado y de un poder cuya política para con los derechos reproductivos de las mujeres era dictado por una ideología fuertemente católica, expresada en un ejercicio de poder monopolizado por el sexo masculino, tal como lo expresó en 1998 , Gisèle Halimi: "pour les femmes, le pouvoir reste le sexe mâle". Analizaremos, en particular la importancia de los dos procesos judiciales como momentos centrales de la lucha de las mujeres por el derecho a decidir sobre su cuerpo, contra la violencia machista y contra la cultura de la violación, procesos que transformarán , primero los criterios jurisprudenciales sobre los derechos de las mujeres, el paradigma del sistema de impartición de Justicia en Francia, a finales del siglo XX y como propiciaron la construcción de una nueva doctrina sobre la función del Estado frente a la problemática del aborto que llevará, a este último, con el voto de la Ley Veil, a pasar a un proceso legislativo de despenalización del aborto

Palabras Clave: Marxismo; feminismo, Aborto, Bobigny, Ley Veil

Abstract: This paper, entitled "From the" revolution "of the" red judges "to the Veil Law: when an ideological movement transforms the State and the paradigm of the delivery of Justice" aims to analyze the interactions, confrontations and convergences between feminism , Marxism and state facing the problem of abortion. We will work on a context and a precise period, namely: the trajectory of the fight for the legalization of abortion in France, analyzing the impact of the action of the magistracy union known as "red judges (Marxist) process of Bobigny (1972) in the attack on the repressive positions of a State and of a power whose policy towards the reproductive rights of women was dictated by a strongly Catholic ideology, expressed in an exercise of power monopolized by the male sex, as expressed in 1998, Gisèle

Halimi: "pour les femmes, le pouvoir reste le sexe mâle". We will analyze, in particular the importance of the two judicial processes as central moments of the struggle of women for the right to decide on their body, against sexist violence and against the culture of rape, processes that will transform, first the jurisprudential criteria on the rights of women, the paradigm of the system of delivery of Justice in France, at the end of the 20th century and how they led to the construction of a new doctrine on the role of the State in dealing with the problem of abortion that will lead to the latter, with the vote of the Veil Law, to move to a legislative process of decriminalization of abortion.

Key Words: Marxism; Feminism, Abortion, Bobigny, Veil Law

Introducción

Este capítulo se debe leer como una humilde homenaje a la lucha épica de las mujeres por controlar sus destinos, por retomar poder y la libertad sobre sus cuerpos, por reclamar sus derechos, en particular los derechos reproductivos. Sin embargo, el héroe de este capítulo es un hombre: el Juez Casanova. Las protagonistas, la grande Gisele Halimi y las valientes mujeres (una de ellas adolescente) que enfrentaron al Estado francés, a la sociedad y al sistema de impartición de Justicia , con indómita valentía .

Joseph Casanova murió en noviembre de 2006. Con discreción como lo había vivido. Con él desapareció uno de los magistrados que dictó una de las decisiones judiciales más importantes en la historia de Francia, y en la historia de la lucha de las mujeres por los derechos reproductivos y el control de su cuerpo (su vientre): la sentencia del Juicio de Bobigny.

Es por las resistencias que despiertan que medimos la fuerza de las conquistas. La liberación de los cuerpos de las mujeres del riesgo de un embarazo no deseado es el paso más grande del siglo XX. Un paso mayor que el colocado en la luna, que impulsa a todos los fanáticos, a todos los hombres medievales, todos sometidos a la fatalidad natural o divina.

Debido a que esta desconexión entre el sexo y la reproducción corta la cadena del esclavo sobre la que descansa la dominación suprema y masculina.

Mientras las mujeres no puedan controlar su vientre, no pueden controlar su destino. Para evitar embarazarse, a las mujeres se les ha prohibido durante mucho tiempo amar fuera del matrimonio.

Cuando finalmente llegó la liberación sexual, en primer lugar porque a los hombres les interesaba, es sobre las mujeres que el peso de esta libertad siempre pesaba. Sólo la anticoncepción asociada con la legalización del aborto puso sus cuerpos a la par. Es por eso que estos avances jurisprudenciales y legislativos aterrorizan tanto a los patriarcas.

Trabajaremos un contexto y un periodo preciso, a saber: la trayectoria de la lucha por la legalización del aborto en Francia , analizando el impacto de la acción del sindicato de la magistratura conocido como "jueces rojos (marxistas) en el proceso de Bobigny (1972) ,en el ataque a las posiciones de represión de un Estado y de un poder cuya política para con los derechos reproductivos de las mujeres era dictado por una ideología fuertemente católica, expresada en un ejercicio de poder monopolizado por el sexo masculino, tal como lo expresó en 1998 , Gisèle Halimi: "pour les femmes, le pouvoir reste le sexe mâle".

Analizaremos, en particular la importancia de los procesos judiciales como momentos centrales de la lucha de las mujeres por el derecho a decidir sobre su cuerpo, contra la violencia machista y contra la cultura de la violación.

Veremos como las sentencias transformarán , primero los criterios jurisprudenciales sobre los derechos de las mujeres, después el paradigma del sistema de impartición de Justicia en Francia a finales del siglo XX, y finalmente , como propiciaron la construcción de una nueva doctrina sobre la función del Estado frente a la problemática del aborto que llevará, a este último a reformar el paradigma penal sobre la interrupción voluntaria del embarazo, primero con el voto de la Ley Veil, y después con las reformas introducidas en 1982 por la ley Roudy .

I.- Ideologías políticas, movimiento (s) feminista (s) y aborto.

En primer lugar, quiero hablarles sobre la resistencia que a menudo proviene del marxismo y del movimiento obrero. En 1979, Heidi hatmann, un marxista feminista americana famosa de la época, publicó un artículo cuyo título, "El matrimonio infeliz entre el marxismo y el feminismo", que me pareció ser el nombre original de esta conferencia. De hecho, la historia de las relaciones entre el feminismo, el marxismo y el movimiento obrero ha sido turbulenta y agitada, como una especie de relación apasionada. Sylviane DAHAN en un artículo de 2008 "Marxismo y Feminismo: Las amistades peligrosas", habla, y cito: "debe tenerse en cuenta desde el principio la responsabilidad de la burocracia estalinista en estas reuniones tan a menudo fallo de encendido. En su obra "La revolución traicionada" Trotsky dedica un capítulo entero al triunfo del "Termidor" dentro de la familia. No hay absolutamente ninguna coincidencia que contra la revolución burocrática fue uno de los pilares de su crecimiento la negación progresiva de los derechos de las mujeres y las libertades sexuales ganó hace unos años ". De hecho, lo que ganamos con Louise Michel y los Communards o con Rosa de Luxembourg perdimos con la contrarrevolución burocrática y la tercera internacional.

Ilumine esto con una mirada al pasado reciente estableciendo una línea de tiempo que los historiadores amamos tanto. Vamos a hacer un pequeño viaje a la Unión Soviética. Una breve cronología permite medir el alcance de toda la sociedad soviética de esta regresión representada por el aumento de la burocracia. En 1933 se restableció el delito de homosexualidad. En 1936, el derecho al aborto fue abolido para el primer embarazo. En 1941, se introdujo un impuesto sobre el celibato y aumentó el costo del divorcio. Finalmente, en 1944, el aborto legal fue totalmente abolido. Sin embargo, esta regresión de las libertades en el cuerpo será el modelo para los otros partidos comunistas. A partir de los años treinta, el PC francés asume abiertamente posiciones antiabortistas y en defensa de la familia. En 1949, cuando apareció el libro de Simone de Beauvoir "The Second Sex", el PCF reaccionó afirmando que era un escándalo, y Jean Kanapa, uno de los intelectuales más destacados del partido, lo describió como un escándalo. Obra de "immondice". Y no olvidemos que en Italia, la fiesta expulsará a Pier Paolo Pasolini porque es homosexual.

La nueva izquierda de los años 60 y 70 fue más abierta. Pero no faltaron fricciones, sobre todo porque la nueva ola feminista afirmó y las mujeres comenzaron a hablar en primera persona, no satisfechas con ser solo el Pequeñas manos que hacen máquinas de copiar mimos, máquinas de escribir y otras tareas militantes a las que se supone que el espíritu de devoción y sacrificio caracterizan a las mujeres "predisponen" a ellas.Este breve recordatorio demuestra suficientemente que las relaciones entre el movimiento obrero y el feminismo no son absolutamente una pregunta resuelta, sino que es un vínculo que aún es necesario construir. Y también es válido para las relaciones teóricas entre marxismo y feminismo.

Especialmente desde la década de 1970, se ha desarrollado una nueva categoría, la de "género", que destaca el carácter social, histórico y simbólico de las relaciones de poder jerárquicas establecidas entre los dos sexos. Si bien el sexo puede referirse a una distinción biológica (la diferencia entre los órganos reproductores), el género representa una construcción que es a la vez simbólica, social, cultural y también política. Es en este contexto que se elabora la estrategia juiciosa que terminará por declarar inaplicable la ley de 1920 y abrirá el camino a la ley Veil. La agitación política de principios de la década de 1970, por lo tanto, afectó al mundo de los juristas, a través de dos canales principales: por un lado, a través de su papel de asesorar, defender o juzgar a los activistas; Por otro lado, cuando, como ciudadanos sensibles a estas movilizaciones, intentaron reinvertir sus habilidades específicas en las luchas que estaban cerca de su corazón.

Sin embargo, se debe tener cuidado de no convertir a la profesión en el único factor que explica el compromiso: sociabilidad, socialización previa, los lazos familiares a menudo han desempeñado un papel más decisivo en el compromiso de uno u otro.

Por otro lado, también es necesario enfatizar la sensibilidad particular que algunos juristas desarrollaron con respecto a la represión de eventos, en la medida en que podría socavar algunos de sus valores profesionales. La independencia del poder judicial con respecto a las instrucciones políticas, la proporcionalidad de las sentencias o su personalización son, por lo tanto, ejemplos de principios de la ley, fundamentales para los abogados.

Hablé de resistencia. Basta ver las reacciones del odio en el momento de la votación de la ley Veil o incluso después de la muerte de quien la llevó. 40 años después de la votación del Velo de la Ley, las resistencias siguen ahí.

Cuarenta años después de la apertura de los debates que llevaron a la introducción del derecho al aborto en Francia, los diputados franceses se vieron obligados a adoptar una resolución que reafirmaba el derecho al aborto voluntario (aborto).

Antes de la votación, el presidente de la Asamblea, Claude Bartolone, rendirá homenaje a Simone Veil, quien defendió esta ley en 1974, durante un almuerzo en torno a "grandes testigos de esta lucha", incluidos los signatarios del Manifiesto "343 Putas ", ministros (Marisol Touraine, Najat Vallaud-Belkacem, Pascale Boistard), la alcaldesa de París, Anne Hidalgo, diputados y personalidades comprometidas con la igualdad entre hombres y mujeres. Las mismas resistencias están ahí.

Como hemos experimentado en el juicio de Bobigny. Sin el juicio de Bobigny, sin los magistrados rojos, sin el presidente de la Corte, Joseph Casanova, sin los abogados del tamaño de Gisele Halimi, dudo que la Ley de Velo pudiera pasar la barrera de un voto en la asamblea . ¿Puede un mundo patriarcal ser corregido por una ley penal

II.- El juicio de Bobigny.

Durante los 5 años que precedieron a la promulgación de la Ley Veil (así llamada en homenaje a Simone Veil) que despenaliza el aborto, varios eventos ayudaron a hacer del debate sobre el derecho al aborto una cuestión social importante.

En 1971, un manifiesto firmado por 343 mujeres se publicó en el periódico Le Nouvel Observateur. Estas mujeres, entre las que se encuentran Catherine Deneuve, Jeanne Moreau o Françoise Sagan, declaran haber abortado y piden la legalización del aborto: "Un millón de mujeres son Abortar todos los años en Francia ... declaro que soy uno de ellos. "

El mismo año, la asociación "Choose" es creada por la abogada Gisèle Halimi, quien también reclama el fin de la ley de 1920. Unos meses más tarde, en 1972, la abogada defenderá a Marie-Claire, una joven de 17 años juzgados por aborto tras violación. Este es el famoso juicio de Bobigny. El juicio de Bobigny es un juicio de aborto realizado en octubre y noviembre de 1972 en Bobigny (Seine-Saint-Denis). Se juzgó a cinco mujeres: una menor de edad que había abortado después de una violación y cuatro mujeres de edad, incluida su madre, por complicidad o práctica de aborto.

Este juicio, que fue defendido por la abogada Gisèle Halimi, tuvo un impacto enorme y contribuyó a la evolución hacia la despenalización de la interrupción voluntaria del embarazo en Francia. El caso Bobigny tendrá como imputadas a Marie -Claire, a su madre Michele Chevalier, a Renee Sausset y Micheline Bambuk.

Los Hechos

Violada por un chico de su escuela secundaria, Marie-Claire, de 16 años, está embarazada. Ella se niega a quedarse con el niño y le pide a su madre Michèle que la ayude. Michèle Chevalier es una modesta empleada de la RATP. Solo ella cría a sus tres hijas de 16, 15 y 14 años, después de haber sido abandonada por su padre que no las reconoció. Luego gana 1.500 francos al mes. El ginecólogo que confirma el diagnóstico de embarazo no se niega a abortar a la niña, pero le pide 4.500 francos, o el salario de tres meses de la madre que decide llamar a un fabricante de ángeles, (vea la película Claude Chabrol) Luego pidió ayuda a su colega

Lucette Dubouchet, quien a su vez solicitó a Renée Sausset. Están hablando con otra colega, Micheline Bambuck. Enfermo, viuda con tres hijos y habiéndose abortado en el pasado. Las cuatro mujeres trabajan en la línea 9 del metro, donde Michèle trabaja todos los días en Chaussée d'Antin o Miromesnil.

Micheline Bambuck practica el procedimiento por 1,200 francos, planteando una sonda. Pero en su tercer intento, una hemorragia ocurre en la mitad de la noche. Michèle y Marie-Claire C. van al hospital, donde la madre debe depositar 1,200 francos, lo que hace con cheques sin fondos (finalmente resueltos por el profesor Jacques Monod), incluso antes de que su hija sea admitida y atendida.

Unas semanas más tarde, Daniel P., el violador de la niña, sospechoso de haber participado en un robo de automóvil, es arrestado. Como moneda de negociación, Daniel denuncia a Marie-Claire con la esperanza de que la policía lo deje en paz en el caso de robo.

Varios policías luego van a la casa de Michele C. y la amenazan de prisión, a ella y su hija , si no confiesa su participación en el aborto clandestino de Marie -Claires, lo que Michele, bajo coacción y sin la presencia de abogado defensor, hace inmediatamente.

Michèle y Marie-Claire C., y las tres colegas de Michèle son entonces acusadas, un término que luego se usa para lo que hoy se ha convertido en una acusación en Francia.

La madre encuentra en la biblioteca de la RATP el libro "Djamila Boupacha" escrito por la abogada Gisèle Halimi, libro en que esta litigante habla del juicio en que defendió, contra el aparato militar, a la activista argelina Djamila Boupacha, violada y torturada por soldados franceses. Las mujeres procesadas contactan con la abogada, quien acepta defenderlas

Gisèle Halimi y Simone de Beauvoir, quien preside la asociación feminista "Choisir", deciden con el acuerdo de los acusados llevar a cabo un juicio político sobre el aborto: lejos de pedir perdón por el acto cometido, la defensa atacará la injusticia. de la ley de 1920, especialmente porque si bien las mujeres francesas que pueden ir a Suiza o Gran Bretaña para abortar, las más pobres deben hacerlo en Francia ocultas y, a menudo, en condiciones sanitarias deplorables.

"Fue valeroso, bastante nuevo en términos de jurisprudencia y lo suficientemente ambiguo como para que todos los comentarios pudieran seguir su camino", dijo Gisele Halimi. Digo que este 11 de octubre de 1972, Joseph Casanova, presidente de la corte para los hijos de Bobigny, se negó a condenar a la joven Marie Claude, quien a los 15 años y medio en el momento del aborto, colocó la piedra sobre la que se construirá. Arquitectura jurisprudencial que conducirá al velo de Loi. Hasta cierto punto, era un juez que barajaba la jurisprudencia con la fuerza de un Lord Kames, pero con menos ruido y más eficiencia. No sé si J. Casonova midió la importancia y el alcance de esta decisión de absolución, pero hubo un antes y un después de Bobigny. Sé que hizo un juicio basado en la idea de Justicia y no en lo que es correcto. Porque, como sabían los jueces rojos de la Unión del Poder Judicial, cito las palabras de uno de sus fundadores, Jean-Pierre Michel "Lo que está bien es lo que dice la ley. La ley no se refiere a un orden natural. Se refiere a un equilibrio de poder en un momento dado. Esta es la visión marxista de la ley."

El debate sobre el aborto finalmente cambió cuando la llamada de las "34 putas" lo había sacudido. Después del juicio de los adultos que fueron sentenciados, pero se les dio un requisito por defecto para que la apelación sea escuchada a su debido tiempo, la ley tuvo que ser revisada. Su decisión no fue ilegal, sino justa. Como fue la absolución que benefició a la Sra. Caillaux en ese momento, pero especialmente como el juicio del buen juez Magnaud, que en Chateau-Thierry se negó a condenar en nombre del estado de necesidad, la madre robó el pan. Al igual que la decisión de Patrice de Charette, recordó que la política pública se aplicaba en la empresa y no solo en la calle para justificar el encarcelamiento de un oficial responsable del fatal accidente de trabajo sufrido por un trabajador.

En resumen, Joseph Casanova tomó una de las principales decisiones judiciales. La condición de las mujeres e incluso el estado del país ha sido alterada. Discreto nunca se jactó de ello. En la injusticia de la historia, todos saben el nombre de la abogada que litigó porMarie Claire, nadie sabe quién tomó la decisión.

Tal vez fue difícil y valiente discutir el descanso, ¡fue ciertamente tan valiente o más para decidirlo y usarlo! Había que hacer justicia. Me alegro de haberlo hecho. Cuando a menudo decimos que los jueces son reaccionarios, veo a través de J. Casonova la ilustración de los magistrados para saber también estar al tanto de su sociedad y promover la ley, como fue el caso con la jurisprudencia sobre responsabilidad civil. - ex. : accidentes automovilísticos ayer, daños causados por niños hoy en día, o como fue el caso del ejercicio conjunto de la autoridad parental. Lo que tranquiliza a quienes dudan de nuestra justicia."

III.- De la lucha feminista, a los criterios jurisprudenciales y a la norma legislativa

Gisèle Halimi y Simone de Beauvoir, que preside la asociación feminista "Choisir", deciden con el acuerdo del acusado llevar a cabo un juicio político sobre el aborto: lejos de pedir perdón por el acto cometido, la defensa atacará la injusticia La ley de 1920, especialmente como los franceses que pueden ir a Suiza o Gran Bretaña a abortar, los más pobres deben hacerlo en Francia en condiciones de clandestinidad y sanitarias a menudo deplorables.

La primera vez que se encuentra ante el juez de instrucción, Michele C. protesta: "¡Pero, juez, no soy culpable! ¡Es tu ley la que es culpable! El juez le ordenó que se callara bajo pena de un segundo cargo de desacato al tribunal.

Durante la audiencia, el fiscal tiene dudas sobre la violación de la niña, sorprendido de no haber denunciado a la policía. También intentamos hacer que Marie-Claire diga que su madre la obligó a abortar, lo cual ella niega: "Era una niña de colegio y, a mi edad, no sentí la posibilidad ni la oportunidad de hacerlo". quiero tener un hijo1 ... »

Después de la sesión a puerta cerrada del juicio, la sentencia se dicta en audiencia pública: la actriz Delphine Seyrig y varios manifestantes pueden asistir. Marie-Claire está relajada porque se considera que ha sufrido "limitaciones morales, sociales y familiares que no pudo resistir".

La sensibilización sobre este tema está ganando terreno entre los magistrados: de 518 condenas por aborto en 1971, a 288 en 1972 y unas pocas decenas en 19735. Las considerables repercusiones de la sentencia de Bobigny contribuyeron a la evolución que culminó en 1975 en la Ley de velo sobre la interrupción voluntaria del embarazo.

El 13 de diciembre de 1973, un proyecto de ley aprobado por Michel Poniatowski, entonces Ministro de Salud de Messmer, autorizaba el aborto "en caso de riesgo para la salud física, mental o psíquica de las mujeres, un alto riesgo de malformación. congénito o embarazo después de un acto de violencia "se presenta a la Asamblea Nacional, que finalmente lo rechazará por 13 votos.
1974: Simone Veil llega al gobierno.

Simone Veil, secretario general del Consejo

Nacional del Poder Judicial, es nombrado ministro de Salud por Jacques Chirac. Ella inmediatamente comienza a trabajar en un nuevo proyecto de ley de aborto. Este texto propone que se permita el aborto antes de las 10 semanas de embarazo a petición del médico.

Se presenta a la Asamblea Nacional el 24 de noviembre de 1974 y Simone Veil habla a los diputados, casi todos los hombres, para un discurso histórico: "Ninguna mujer es hospitalaria con el aborto". Durante 25 horas, los oradores se suceden y el debate, de una gran violencia, divide a los diputados. Sin embargo, el 29 de noviembre, la ley es votada en primera lectura en la asamblea por 284 votos a favor y 180 en contra, y el Senado en diciembre.
17 de enero de 1975: promulgación de la ley que despenaliza el aborto.

Esta ley provisional se promulga por un período de 5 años. Será necesario esperar hasta el 31 de diciembre de 1979 para que la interrupción voluntaria del embarazo se legalice para siempre. Si la ley ha hablado, la vida cotidiana de las mujeres que desean abortar sigue siendo difícil. Muchos médicos reclaman su cláusula de conciencia y se niegan a realizar abortos.

Reflexiones finales sobre lo que significa ser feminista

Siempre somos más feministas que nosotros mismos. Y el hombre más sinceramente feminista nunca puede eliminar totalmente las consecuencias de su educación. Pero la mujer también está marcada por las condiciones que sufre.

En una sociedad que pretende liberar a la mujer solo para esclavizarla mejor, no es sorprendente ver a algunos culpar a las activistas por el hecho de que las posiciones feministas, pública y globalmente, aún deberían ser más tranquilas, más discretas, en fin inócuas. Otros(as) , ponen en cuestión , también la participación de los hombres en los movimientos políticos de defensa de los derechos de la Mujer.

Me permito observar que la emancipación de la mujer es una cuestión jurídica, sin duda, pero también un tema societal e ideológico. Que la misma pasa por una reconstrucción de la narrativa, de comportamientos, de educación , de cultura. O sea, también es asunto de los hombres.

Y si el feminismo radical quiere finalmente llegar a las masas, en lugar de convencer solo a los convencidos, será necesario, tarde o temprano, que acepte la crítica pública, en lugar de estar satisfecho de un diálogo de cenáculo, casi clandestino, entre especialistas o las "elegidas".

Lo que está en juego, hoy en día, en la conquista del espacio público y el empoderamiento de Mujer , no son tanto los movimientos feministas no mixtos como su espíritu de cierre.

Es concebible que las mujeres, aún traumatizadas por el autoritarismo masculino, prefieran discutir sus problemas entre ellas. Sin embargo, los movimientos feministas tendrán que abrirse un día a los hombres "feministas", quienes, en el futuro inmediato, al menos deben ser escuchados. Es bueno que ellos mantengan a los niños mientras las activistas hablan. Pero, confinarlos solo en este papel es inadmisible. Esto solo puede acreditar al público la idea de un espíritu de venganza de las mujeres sobre los hombres que conduce al "poder femenino", una concepción compartida, de hecho, por los grandes detractores de las feministas. También es inaceptable ver que una librería fundada por un grupo de activistas excluye de sus estantes las obras feministas escritas por hombres. O cuando decimos francamente que el feminismo es un asunto de las mujeres, que un hombre no puede, por naturaleza, ser feminista, que su actitud, en todo caso, sirve como excusa para el sistema, y que es mejor, en general observar estas condiciones de "apartheid". Yo, personalmente pienso que estas posiciones son absurdas y deben ser rebasadas. Lo que no significa olvidar que los movimientos feministas, en su caminar histórico, filosófico y político han tenido que enfrentarse, no sólo al conservadurismo, a las iglesias, sino también a los ideólogos y partidos de izquierda. O mínimo que podemos decir es que la convivencia entre feminismo y marxismo ha sido llena de polémica, desconfianzas , y en ciertos casos, de abierta represión por regímenes autoritarios que se dicen "comunistas".

Todos, socialistas o libertarios, todos excepto Proudhon, este paciente de misoginia (ama de casa o cortesana) , todos se han inscrito en el frontón de su sistema de la igualdad de los sexos. Más ...en la práctica han construido partidos misóginos, reproducido discursos patriarcales y enviado a las mujeres a tareas de apoyo y a un segundo lugar.

Solo podemos juzgar a los que la suerte ha traído a la historia: Marx, Engels, Lenin, Mao Zedong . Después de Fourier, hicieron del estatus de las mujeres la piedra de toque del progreso de las sociedades. Después de Flora Tristan, dijeron que los más oprimidos encuentran un ser para oprimir: su esposa. Ellos, especialmente Engels, predijeron el profundo cambio de moral e incluso pensaron que la monogamia sin divorcio, esta apropiación de la mujer por parte del hombre, seguiría a la prostitución en su colapso una vez que el capitalismo fuera derrotado. Sin embargo, lo contrario fue de regla. Lo que me obliga a algunas reflexiones de carácter general.

Primero, el feminismo representa el primer movimiento que lleva el cuerpo sexado a la historia. Debemos, entonces colocar algunas preguntas sobre lo que significa la afirmación anterior, a saber: ¿En nombre de qué mujeres (trabajadoras textiles, amas de casa, docentes, doctores, arquitectos, etc.) reclaman los mismos derechos? Más allá de las clases sociales, el grado de educación, el estatus de soltero, esposa, madre, ¿cuál es su rasgo común? ¿Es su naturaleza biofisiológica o un constructo cultural? ¿Dicho crudamente, su aparato de genitoras femeninas que, para la sociedad, representa una función fundamenta una sumisión jurídica y una diferencia sociocultural?

Ante estas cuestiones, es evidente que las mujeres reclamamos la igualdad en nombre de su diferencia sexual. Nada más difícil de admitir tanto para conservadores, liberales o marxistas incluso, y especialmente, para ellos, cuando tienen la "impresión precisa", por sus estudios, su trabajo, sus dones, su voluntad, de no compartir la condición de ordinario "hecha" por el por una sociedad patriarcal de la cual nunca se pudieron arrancar. Los hombres a su sexo. La palabra "igualdad" es aquí boleta de propaganda retórica en campañas electorales, mal ajustada e imprecisa. No es el signo = de las matemáticas, lo que designa la identidad. Significa equivalencia.

Contra esta evidencia, las mujeres más avanzadas se rebelan. ¿Haber luchado por los derechos sociales, por los derechos a la educación, la cultura o la política y que se le diga que uno está indeleblemente marcado por su aparato genital? No podemos "superarlo", ponerlo entre paréntesis en cuanto aparatos partidarios, dominados por hombres, "nos" construyen las condiciones históricas para "nuestra emancipación".

Hay varias razones para esto, la más grave de las cuales puede ser la insuficiencia del análisis. Las mejores obras escritas por mujeres se han centrado en el freudismo y el marxismo, que impregnan la ideología de la izquierda. Demostraron que no es el psicoanálisis lo que es anti-feminista, sino el propio Freud y que, a la inversa, la política de los partidos comunistas y/o de izquierda , es una traición al feminismo de sus fundadores. Durante los dos últimos siglos aparecieron, en el nivel teórico, otros peligros más formidables. Por la existencia de una etapa matriarcal que precedió al patriarcado (hipótesis de Bach, Fen, Morgan,

Engels) es cada vez menos aceptada por la etnología contemporánea, y el trabajo de los zoólogos pretenda encontrar en los primates un sentimiento de superioridad que "justifique" la obsoleta pretensión de lo "innato de lo masculino sobre lo femenino".

A partir de ahí, para concluir que la mujer, por "naturaleza", está dominada, siempre ha sido y permanecerá por siempre, solo hay un paso, rápidamente cruzado. Frontera que muchos(as) no tuvieron frenos para cruzar, y que pretenden perpetuar.

Esperaríamos que el feminismo radical tuviese construido una argumentación sólida (y no emocional) precisamente teniendo en cuenta bastante la biología y la etnología para destruir las "justificaciones" pseudo científicas del patriarcado, del machismo y de los discursos misóginos. . En cambio, solo encontramos un discurso sobre un matriarcado problemático, siendo el pasaje al patriarcado el único responsable de los principales vicios de nuestra sociedad que son la violencia, la superpoblación y la contaminación . Esto no es teoría, sino catecismo.

También quisiéramos estudios cercanos e intransigentes sobre el comportamiento de las mujeres en la sociedad de consumo. Porque la mujer, estando subordinada, condicionada, frustrada por excelencia, sufre, quizás más que nadie, por la nocividad sistémica de las estructuras de producción, del consumo y de la distribución de la riqueza . Todavía sería necesario, honestidad elemental, distinguir entre los que no hacen nada y los que tienen todo, sin ser libres de todo eso, y las que, por el contrario, tiemblan la noche por su pareja después de haber trabajado el día por "capital". En cambio, al triturar el marxismo, se prefiere encerrar a todas las mujeres en una clase, dominadas y explotadas por el hombre. Esto lleva a ordenar los cócteles de unos y los platos rotos de otros en la misma sección de servicios domésticos debido al macho, como tal, en su interés exclusivo.

Este tipo de imbecilidades "teóricas", que ya he criticado en trabajos anteriores, tiene una vida propia. Al no querer, por la debilidad del análisis, hacer distinciones entre las mujeres que pueden dividirlas, el movimiento feminista no puede dejar fragmentarse, políticamente balcanizarse, el único campo que tienen en común: la maternidad.

Luchar por la libertad de aborto es bueno. Pero la mujer no es sólo una capa que pueda ser reducida a esta batalla común.

La descriminalización de la interrupción voluntaria del

embarazo no es todo, ni la emancipación de las mujeres puede ser limitada a los derechos reproductivos. Un movimiento no puede ser efectivo si aboga por soluciones inaceptables en la práctica. La Mujer no puede ser definida por su función reproductiva . Tampoco estar prisionera de los nuevos tribalismos identitarios.

Nos guste o no, la mayoría de las mujeres no son exclusivamente heterosexuales ni todas quieren ser homosexuales, por ejemplo. El sexismo de moda, y sus tribalismos identitarios, puede intentar probar lo contrario, pero hasta la fecha no ha podido alinear otras pruebas, solo postulados "filosóficos" con poco sustento y mucho de "moda".

Además, las discusiones sobre sexualidad natural no importan, principalmente en una era de múltiples posibilidades. Sin embargo, la cuestión cultural -ideológica , esa es el grande reto. Una no puede escapar fácilmente de un condicionamiento cultural, y en caso de realizarlo, el problema de la dominación masculina continuaría presente. El poder masculino toma muchas formas, de las cuales la explotación sexual es solo uno de los aspectos. Y todos saben que las parejas homosexuales, hombres o mujeres, tienden a reproducir las relaciones dominantes / dominados(as).

Por lo tanto, es el concepto de dominación el que debe estudiarse y combatirse. No es cambiando la sexualidad que la mujer, admitiendo que si puede, dejará de ser una esclava, sino cambiando la mentalidad. Lo que supone que ella puede vivir muy bien con un hombre si él también acepta cambiar. Pero no alentaremos a los hombres a ser amantes, y no "opresores", manipulando sistemáticamente, de forma a ocultarlo, el ostracismo y el insulto. Ninguna revolución social puede lograrse, tal como la historia nos ha demostrado, sin el apoyo de elementos de las castas dominantes.

En el pasado, siempre ha habido hombres feministas, como Stuart Mill, Bebel o Léon Richer. Su apoyo fue aún más valioso porque "traicionaron" su sexo, como Owen , Marx, Engels o el mismo Lenin "traicionaron" a su clase. Por lo tanto, debemos alentar a estos hombres, sin renunciar a las críticas, y atacar a quienes se hacen portadores, reconocidos o paternos, de la falocracia. Eso sin olvidar a las mujeres que se hacen sus cómplices.

La oposición no debe ser entre hombres y mujeres, sino entre el feminismo y el anti-feminismo. De la misma manera que la oposición no es entre blancos y negros, sino entre quienes aceptan y quienes rechazan un tipo muy específico de opresión: el racismo

Razonar de otra manera es, nos guste o no, hacer racismo para algunos, sexismo para otros. El sexismo de algunas mujeres, en respuesta al de la mayoría de los hombres, es comprensible, pero no es aceptable. La madurez política de un movimiento se juzga por el hecho de que lo desaprueba en lugar de alentarlo.

Cuando, gracias a Lenin, el marxismo se convirtió en la ideología de un poder, la igualdad total y completa de las mujeres no se estableció en los comportamientos , aunque si en la ley ... Pero cuando fue necesario tocar los modales y costumbres... la antigua Rusia tradicional, religiosa, pesada, se mantuvo por debajo del corpus iuris soviético, intacta , esperando salir a la luz. Los pioneros del estado marxista no han cedido ni a las estructuras económicas, ni a la religión, ni a las libertades individuales. A estas respondieron: es la dictadura del proletariado ... Por otra parte, ¡por todo lo que toca a la familia y las relaciones de la pareja, batieron en retirada! Tan pronto como termina la guerra civil, por lo menos post 1924, todo entra "nuevamente en el orden moral". Divorcio, anticoncepción, aborto, libre elección de la pareja (una pareja no casada ni siquiera puede compartir una habitación de hotel en la antigua Unión Soviética y otros países comunistas, como la

China maoísta . Es bien verdad que las Mujeres trabajan en los caminos y cubren los techos, son médicos, maestros, ingenieros (ah, todas estas palabras sin femenino). Son militares y están en el frente de batalla, de Stalingrado a Berlín . Pero por el rigor de los modales, el discurso soviético, marxista- leninista es claro: "ustedes las sociedades occidentales democráticas y liberales son los decadentes, nosotros somos los de línea dura "moral".

Rastreando la historia del feminismo, en todas partes y en cualquier momento, Sheila Rowbotham muestra, sin decirlo, dos verdades. Casi tan difíciles de admitir hoy ,como en los días de Alexandra Kollontai, esa gran dama del bolchevismo.

Luchar por cambiar el régimen primero y posponer la lucha por los derechos reales de las mujeres significa no cambiar vidas. Las mejores leyes, siempre que los "mores" admitidos por las sociedades sigan siendo los mismos, no transforman la situación de la mujer: se conforman con mejorarla. ¿Alcanzará la mujer todas las profesiones? Sí, y se detendrá en el nivel en que los hombres se convertirían en subordinados. La mujer ganará dinero, diplomas, honores? Sí, pero le negaremos "el espíritu creativo" y la libertad de decidir sobre como quiere vivir.

Fuentes de Consulta

Bibliografía

Pierrat, E. "Les grands procès de l'Histoire – De l'affaire Troppmann au procès d'Outreau ", Editions de la Martinière.

Dauvergne., Delphine . " Le débat sur l'avortement, de Bobigny à la promulgation (octobre 1972- janvier 1975), la presse s'engage." Sciences de l'information et de la communication. 2014.

Tetu , Jean-François. " Statut du personnage et fonctionnement du récit de presse ", in Gouaze Jean, Mouillaud Maurice, Serverin Evelyne, Tetu Jean-François (dir). "La loi de 1920 et l'avortement, stratégies de la presse et du droit au procès de Bobigny", Lyon, Presses universitaires de Lyon, 1979.

Fuentes hemerográficas y electrónicas

Frisque, Cégolène, " Des militants du journalisme ? Les journalistes « critiques » comme militants de l'autonomie professionnelle " https://halshs.archives-ouvertes.fr/halshs-00787068

Le Monde, " Le Monde Les Grands Procès de 1945 à 2012 ", 8 Novembre 2012. https://www.amazon.fr/Monde-grands-procès-COLLECTIF/dp/2266231022/ref=pd_sbs_14_img_0/260-

4800434-

3464628?_encoding=UTF8&pd_rd_i=2266231022&pd_rd_r=
2429ea0f-7d9d-45c6-858f-

5090b12f67c1&pd_rd_w=07Auz&pd_rd_wg=kKqTk&pf_rd_p
=9b28d941-c13a-4c2b-b935-

36854aa20020&pf_rd_r=9D8YSXJHZ1GTXMNBFZW0&psc
=1&refRID=9D8YSXJHZ1GTXMNBFZW0

Le Monde .-" Les Femen vont-elles trop loin ?", Le Monde,
1er   Octobre   2015,
https://www.lemonde.fr/societe/article/2015/10/01/les-femen-
vont-elles-trop-loin_4780175_3224.html

Lutte Ouvrière . "Il y a 40 ans, octobre 1972 : le procès de
Bobigny, un combat des femmes pour le droit à l'avortement.
",   17   Octobre   2012.   https://journal.lutte-
ouvriere.org/2012/10/17/il-y-40-ans-octobre-1972-le-proces-
de-bobigny-un-combat-des-femmes-pour-le-droit-
lavortement_28388.html

Nouvel Observateur . " Manifeste des 343 salopes",
http://tempsreel.nouvelobs.com/societe/20071127.OBS7018/
le- manifeste-des-343-salopes-paru-dans-le-nouvel-obs-en-
1971.html

Lambin., K.-" Il y a 40 ans, Simone Veil ouvrait le débat sur
l'avortement ", BFM TV, 26 noviembre 2014.

Lecler , Romain, " Le succès d'Histoires d'A, film sur
l'avortement ", in "Une mobilisation croisée de ressources

cinématographiques et militantes (enquête) ", Terrains & travaux, 2/2007 (n° 13)

Le Figaro. "Aux origines de la loi Veil, l'avortement clandestin de Marie-Claire Chevalier, https://www.lefigaro.fr/actualite-france/2018/07/20/01016-20180720ARTFIG00040-aux-origines-de-la-loi-veil-l-avortement-clandestin-de-marie-claire-chevalier.php

Ministerio de Justicia de Francia . "Il y a 40 ans, le Procès Bobigny" www.justice.gouv.fr
Avortement: le procès. http://philippepoisson-hotmail.com.over-blog.com/article-les-dessous-du- proces-de-bobigny-40359624.html

Bergel, J.L. -Colloque « L'office du juge », 30 Septembre 2006.
https://www.senat.fr/colloques/office_du_juge/office_du_juge 1.html

Rosenczveig, Jean-Pierre . " Droit des Enfants ",
http://jprosen.blog.lemonde.fr/2012/11/12/j- casonova-un-juge-discret-qui-fit-basculer-lhistoire-des-femmes-de-france-500/-)

Droit à l'avortement : la Loi Santé met fin au délai de réflexion obligatoire, 28 janvier 2016. http://planning-familial.org

→ **Legisgrafía y jurisprudencia**

Artículo 14, Ordonnance du 2 Février 1945.

Artículo 317 Code Pénal (antigo Código Penal Francés)

Tribunal de "Grande Instance de Bobigny Jugement du 08 novembre 1972" , " Avortement : une loi en procès. L'affaire de Bobigny ", Gallimard, 26 Janvier 1973.

CAPÍTULO V

Derecho, Justicia Electoral Y Sociedad Democrática
(Law, Electoral Justice and Democratic Society)

Ignacio Hurtado Gómez[33]

Resumen : La tesis principal que se plantea en la presente comunicación, tiene que ver con el hecho de que junto con la transición, consolidación y modernización democrática, ha caminado un proceso importante de cambios jurídicos, tanto en el diseño de instituciones como el caso de la reforma de 1994 a la Suprema Corte de Justicia de la Nación, así como con respecto a conceptos básicos como el de Constitución normativa y principios democráticos, pasando un replanteamiento de la noción de derecho en el Estado constitucional y democrático, hasta cambios en la

---

[33] Profesor- Investigador de la UMSNH. Maestría en Derecho . Ex Presidente del Tribunal Electoral del Estado Libre y Soberano de Michoacán de Ocampo

propia práctica judicial como el valor del deber de motivación de las sentencias como un elemento de legitimación democrática de los jueces.

Palabras clave: Justicia electoral, elecciones, estado constitucional , democracia

Abstract: The main thesis presented in the present communication has to do with the fact that together with the transition, consolidation and democratic modernization, an important process of legal changes has taken place, both in the design of institutions and in the case of the 1994 reform to the Supreme Court of Justice of the Nation, as well as with respect to basic concepts such as the one of normative Constitution and democratic principles, passing a rethinking of the notion of right in the constitutional and democratic State, until changes in the own one judicial practice as the value of the duty of motivation of sentences as an element of democratic legitimation of judges.

Keywords: Electoral justice, elections, constitutional state, democracy

Sumario: I. A manera de introducción. II. La transición jurídica en la transición democrática. III. El concepto de Derecho y los fundamentos del Estado constitucional y democrático. IV. La justicia electoral mexicana. V. Un enfoque desde la jurisdicción electoral de Michoacán. VI. Comentarios finales. VII. Fuentes de consulta.

A manera de introducción

La tesis principal que se plantea en la presente comunicación, tiene que ver con el hecho de que junto con la transición, consolidación y modernización democrática, ha caminado un proceso importante de cambios jurídicos, tanto en el diseño de instituciones como el caso de la reforma de 1994 a la Suprema Corte de Justicia de la Nación, así como con respecto a conceptos básicos como el de Constitución normativa y principios democráticos, pasando un replanteamiento de la noción de derecho en el Estado constitucional y democrático, hasta cambios en la propia práctica judicial como el valor del deber de motivación de las sentencias como un elemento de legitimación democrática de los jueces.

Obviamente la jurisdicción electoral no ha sido ajena a estos cambios, más aún, tengo el pleno convencimiento que más bien se constituyó y lo sigue siendo, como uno de los principales impulsores a las transformaciones mencionadas.

De esta forma, la ruta reflexiva que habré de seguir en los siguientes apartados es la siguiente: en un primer momento evidenciaré la relación directa entre los procesos de transición y consolidación democrática, con las transformaciones jurídicas; aquí, la tesis central es, como ya lo indique, la de que no se pueden conocer del todo las implicaciones de los cambios democráticos que hemos vivido, si la reflexión no va acompañada del entendimiento de los cambios jurídicos.

Posteriormente, como muestra de lo anterior se esbozarán algunas consideraciones necesariamente generales en torno al concepto de Derecho, y de donde se derivan algunos fundamentos de lo que conocemos como el Estado Constitucional y Democrático, por lo que, al mismo tiempo, se configuran como esa evidencia práctica de las transformaciones jurídicas a que me he referido.

En un tercer momento analizare marginalmente el papel de la justicia electoral, precisamente, en la denominada transición democrática, pero particularmente en el proceso de consolidación y modernización de ésta. Lo mismo se esbozará desde un enfoque local.

Por último, realizaré algunos comentarios finales en torno al papel del derecho en la consolidación del Estado Constitucional y Democrático.

Así, la pretensión central con estas líneas es la de ofrecer varios y variados puntos de reflexión que permitan, principalmente, dimensionar desde el enfoque electoral la importancia del derecho, particularmente desde su aplicación por la jurisdicción electoral, en el fortalecimiento de nuestras instituciones democráticas.

I.   La transición jurídica en la transición democrática

Estoy plenamente convencido de que, el proceso de transición y consolidación democrática que se ha vivido en los últimos años en nuestro país, ha caminado de la mano con el de la transición y consolidación jurídica, de tal suerte que, si bien durante mucho tiempo -como sostiene Sergio García Ramírez- hemos tratado de dar respuesta sobre quiénes son nuestros representantes políticos y cómo nos representan, ahora se sugiere preguntarnos, también, *"quién es mi juez y cómo me juzga"*.[34]

Ciertamente, la transición mexicana en su momento, y ahora los procesos de consolidación y modernización democrática se ubican entre un régimen hegemónico, vertical y en cierta medida autoritario, y la configuración de una sociedad renovada y plural que nos ha llevado a replantearnos nuevas formas políticas, sociales, pero sobre todo jurídicas.

En efecto, el concepto de *"transición"* ha sido copiosamente utilizado en las últimas dos décadas para referir los procesos de transformación política identificados con la democratización, de esta forma se habla, un poco

---

[34] Palabras pronunciadas en la presentación de "Una Bibliografía para la Transición Jurídica", en Boletín Mexicano de Derecho Comparado, en http://132.248.65.10/publica/rev/boletin/cont/98/inf/inf17.htm, consultado el 13 de mayo de 2009.

más atrás de la transición del Estado absolutista al Estado de Derecho, y en donde las aristas jurídicas no fueron menores.

Recordemos que, el Estado absolutista donde el soberano era la expresión única del mismo Estado, le llevaba a concentrar en su persona las tres grandes funciones: la de crear la norma jurídica, aplicarla y ejecutarla, incluso en el mismo acto. Dicha situación y la transición al Estado de Derecho se replantea en occidente en los siglos XVIII y XIX, definiéndose una nueva forma de organización societal que, por la propia naturaleza de las revoluciones libertarias, desplazó el poder del monarca a favor del pueblo y sus representantes.

En el plano jurídico, y dentro de este proceso de cambio es preciso destacar que, en este nuevo modelo la tarea de los juzgadores será meramente el de un aplicador de la ley, es decir, *"la boca que pronuncia las palabras de la ley"*, lo anterior, a partir principalmente de una tesis poco explorada que tiene que ver con la influencia jurídica del concepto principalmente político de la soberanía popular, ya que, al ser la voluntad general infalible en términos del pensamiento contractualista de Juan Jacobo Rosseau, consecuentemente la ley emanada de los órganos legislativos, depositarios de esa soberanía, era igualmente infalible, por lo que la posición del juzgador frente a la perfección de la norma jurídica producto de esa voluntad general infalible era, precisamente, la de un mero aplicador.

De esta forma se sostiene que, el Estado de Derecho toma como condición esencial el formalismo jurídico, denominándosele por muchos como un Estado de derecho formalista. Para Aulis Aarnio, este modelo estatal se integra por los siguientes elementos: la separación del poder, la profesión jurídica como monopólica, las ideas de protección jurídica y de certeza jurídica que solo se podían tutelar a través de una visión formal del derecho, la estructura de las normas que solamente se reconocían como meras reglas jurídicas de aplicación mecánica, la estructura de la argumentación solamente plausible a través del silogismo clásico y la idea de la justicia formal.[35]

Una vez consolidado el Estado de derecho inicia en el siglo XX la transición hacía lo que hoy conocemos como el Estado constitucional y democrático, y que en oposición a los elementos apuntados tenemos desde el punto de vista jurídico que, las leyes ceden su paso a la Constitución, entendida ésta en una doble vertiente: como norma fundante de los sistemas jurídicos, pero también como

---

[35] Citado por NIETO, Santiago, *Interpretación y argumentación jurídicas en materia electoral. Una propuesta garantista,* Instituto de Investigaciones Jurídicas UNAM, México, 2003, p. 10.

norma fundacional de una sociedad política, en suma, con un carácter normativo, lejos, de la naturaleza política e ideológica que prevaleció durante décadas.

Al mismo tiempo, la estructura de las normas igualmente cambia dando lugar a la diferenciación entre normas-regla y normas-principio, y por último, la argumentación mecánica por la vía de la subsunción va cediendo su lugar a la ponderación y a la máxima realización de los propios principios como conductores sociales.

Visto de esta manera estoy seguro que, en el caso mexicano y desde el enfoque electoral, existen signos y evidencia suficiente para demostrar el proceso de adopción del Estado constitucional y democrático en nuestro país, lo que sugiere que al mismo tiempo que se desarrollaba el proceso democratizador, al mismo tiempo se dan profundos cambios jurídicos.

Para soportar y defender esta tesis, particularmente desde la perspectiva de las transiciones jurídicas, resultan orientadoras las dimensiones de estudio y reflexión que proponen Héctor Fix Zamudio y Sergio López Ayllón:[36]

---

[36] Véase. En *Cambio jurídico y autonomía del derecho: un modelo de la transición jurídica en México,* página en internet: www.juridicasunam.mx

a. *Dimensión sistemática.* Sugiere vincular al derecho con la organización social y política de una sociedad, por ejemplo, determinar el papel del derecho en el absolutismo o en el Estado liberal, así como el derecho en los países comunistas y sus procesos de cambio durante su derrumbamiento y paso a economías de mercado.

b. *Dimensión del capital técnico y humano.* Consiste en el grado de preparación de una sociedad para realizar y absorber los cambios jurídicos que requiere un proceso de transición política y económica, por ejemplo, los procesos de trasplantar modelos jurídicos o la denominada transferencia de tecnología jurídica, destacándose la situación de la enseñanza del derecho que en la percepción de varios ha cambiado muy poco en las últimas décadas, ya que persiste una educación tradicional, lo que constituye un freno en la consolidación del Estado constitucional.

c. *Dimensión cultural.* Delimitada por las opiniones, valores, expectativas y actitudes de individuos y grupos hacía el derecho y las instituciones jurídicas.

d. *Dimensión política-institucional.* Relacionada con el papel de los órganos e instituciones capaces de tomar decisiones colectivas y de transformarlas en normas jurídicas.

Lo anterior nos indica que, un análisis superior a esta aproximación, implica visualizar las transiciones jurídicas desde diferentes perspectivas a efecto de llegar a conclusiones sólidas y mayormente soportadas, sin embargo, en vía de atenuante la pretensión final es acercarnos y propiciar por la vía de breves apuntes, futuras reflexiones a través de esta mirada panorámica.

Ahora bien, ¿cómo ha operado la transición jurídica en México? Sin duda toda transición requiere un principio y un final, así como el trecho caminado dentro del cual se verifica la transformación, por lo que en este sentido y en nuestro caso quiero destacar, por el momento, y a vuelo de pájaro, dos aspectos: el de la noción de Constitución normativa, y la reforma de la Suprema Corte de Justicia de la Nación.

Para entender nuestro proceso de cambio es importante destacar que un punto fundamental es el de nuestra idea de Constitución, por lo que de manera necesariamente general puedo advertir, siguiendo a José

Ramón Cossío[37] que, al menos prácticamente hasta la década de los ochentas, la Constitución sirvió para mantener y perpetuar el régimen hegemónico, y era tan simple que quien tuviese la osadía de cuestionar el orden constitucional o de proponer reformas a la misma era tachado en automático como un hereje que iba en contra del proyecto revolucionario consagrado en la Carta Magna, y que era el reflejo de la sangre derramada por los hacedores de la Revolución, del pueblo; por tanto, la custodia de la Constitución corría a cargo de los hijos predilectos de la Revolución, de los preservadores de la hegemonía política, ya entonces constituidos como partido político. Por ello se afirma que la Constitución sirvió de soporte ideológico, social y político durante la etapa del régimen autoritario que nuestra historia reconoce y que todos conocemos.

El derrumbamiento de este paradigma que, sin desconocer el sentido y contenido político-ideológico de la Constitución, también comienza a destacar su esencia principalmente normativa, nos va llevando a plantear que: *"la Constitución se presenta como un sistema preceptivo que emana del pueblo como titular de la soberanía, en su función constituyente, preceptos dirigidos tanto a los diversos órganos del poder por la propia Constitución establecidos*

---

[37] Véase. *Dogmática constitucional y régimen autoritario,* segunda edición, Fontamara, México, 2000.

como a los ciudadanos",[38] por tanto, se trata de una *"voluntad de atribuir una efectiva fuerza normativa a los derechos y libertades reconocidos en los textos constitucionales".[39]* Más aún, igualmente se replantearon los alcances de las propias normas programáticas, pues incluso, desde el propio enfoque normativo, se sostiene que *"tienen naturaleza de normas jurídicas y a su modo participan, dentro de la constitución a la que están incorporadas, de su fuerza normativa"[40]*

En el caso de la Suprema Corte de Justicia de la Nación, baste decir por la brevedad del espacio que, desde un enfoque estructural, el punto medular era su integración, curiosamente determinada en esos tiempos por los mismos custodios de la Constitución, sin embargo, la tendencia comienza a revertirse en 1982 -tiempo en que igualmente la hegemonía ya se nos presenta trastocada- cuando una reforma impide la infiltración de la política en lo jurisdiccional principalmente en el impedimento de pasar de un puesto político al cargo de ministro, al tiempo que se acotaron las facultades del Presidente de remover ministros.

Sin embargo la reforma más relevante fue la

---

[38] García de Enterría, Eduardo, *La Constitución como norma y el Tribunal Constitucional,* tercera edición, Madrid, Civitas, 1994, p. 49.
[39] Carrillo, Marc, *La tutela de los derechos fundamentales por los tribunales ordinarios,* Madrid, Centro de Estudios Constitucionales, 1995, p. 23.
[40] Bidart Campos, Germán J., *El derecho de la Constitución y su fuerza normativa,* México, Universidad Nacional Autónoma de México, 2003, p. 222.

elaborada en diciembre de 1994 que incluso dejó acéfala por unos días a la máxima autoridad jurisdiccional del país bajo la premisa de construir un verdadero tribunal constitucional basado en nuevas reglas estructurales, señaladamente: a. Reducción de 26 a 11 ministros; b. Se estableció que los ministros durarían 15 años en su función; c. Se amplió a 10 años la antigüedad de título de abogado y 2 años de residencia en el país para acceder al cargo; d. También se precisó el requisito de no haber ocupado cargos electivos, salvo el de Presidente; e. Igualmente se anexa el requisito meritocrático que orientó los nombramientos hacía personas con trayectoria en el ejercicio o en el estudio del derecho; f. Se integró el Consejo de la Judicatura Federal.[41]

En términos jurisdiccionales, con dicha reforma se expanden las facultades de control constitucional de la Corte, para lo cual se amplió la figura de la controversia constitucional que venía desde la Constitución de 1917, y se incorpora la acción de inconstitucional.

Por último, en 1996 se incorpora al Tribunal Electoral al Poder Judicial de la Federación, otorgándosele el control constitucional en la materia, destacando los juicios de protección de los derechos políticos-electorales y el de

---

[41] Véase. ANSOLABEHERE, Karina, *Suprema Corte: Arbitro sin contrapesos,* en Revista Nexos, Número 329, México, Mayo 2005, pp. 39-44.

revisión constitucional electoral.

Todo lo anterior llevó paso a paso a la Corte a intervenir legítimamente en cuestiones políticas y en gran medida le confirió una posición privilegiada en la resolución de controversias de esta naturaleza, al tiempo que fortaleció su postura como verdadero interprete de la Constitución, la cual, como se apuntó, cada día fue modificando su esencia dejando de ser un todo dogmático, inalterado e intocable, para pasar a ser una verdadera conductora social, política, económica y cultural, es decir, una Constitución verdaderamente alentadora del cambio y sobre todo que podía ser vivida.

Como se puede observar, desde la década de los ochentas no solamente destacaron cambios políticos, sino también comenzaron a soplar nuevos tiempos en el ámbito jurídico-institucional, lo cual, también se ha venido fortaleciendo a partir de nuevas concepciones jurídicas.

II.   El concepto de Derecho y los fundamentos del Estado constitucional y democrático

Al mismo tiempo que se configuraron cambios estructurales importantes, de la misma forma creo que se comenzaron a impulsar transformaciones en algunos de nuestros fundamentos jurídicos –como el de la Constitución normativa que ya he mencionado- que nos acercaron al modelo del Estado constitucional, y sobre la base de un nuevo concepto de derecho.

De esta forma, frente al formalismo del Estado de Derecho, inmerso en un proceso de cambio democratizador, el Derecho *"... tiene que contemplarse en relación con el sistema social y con los diversos aspectos del sistema social: morales, políticos, económicos y culturales...".*[42]

Así, y contrastando las posiciones de varios teóricos como Dworkin, MacCormick, Alexy, Raz y Ferrajoli, se comienza a sostener la eventual configuración de una nueva concepción del Derecho, siendo Manuel Atienza[43] quien más abona a la discusión. Los rasgos principales son:

---

[42] ATIENZA, Manuel, *El Derecho como Argumentación*, Fontamara, México, 2005, p. 120.
[43] Véase. ATIENZA, Manuel, *El Derecho como Argumentación* en *Jurisdicción y argumentación en el Estado constitucional de derecho,* Universidad Nacional Autónoma de México, México, 2005, pp. 72-74.

a. La importancia de los principios jurídicos para comprender la estructura y el funcionamiento de un sistema jurídico.

b. La tendencia de entender a las normas más allá de su estructura lógica, sino a partir del papel que juegan en el razonamiento práctico.

c. La idea del dinamismo del derecho, por lo que si bien son normas, también es una práctica social que incluye también, procedimientos, valores, acciones, etcétera.

d. La importancia de la argumentación como un proceso racional y conformador del derecho.

e. El debilitamiento de los discursos meramente descriptivos.

f. La validez en términos sustanciales en la medida de que se respeten principios y derechos constitucionales.

g. La idea de que la jurisdicción es mucho más que la sujeción del juez a la ley, sino que también involucra la interpretación de principios constitucionales.

h. La conexión intrínseca y conceptual entre derecho y moral.

i. La integración de la razón práctica: derecho, moral y política.

j. La idea de que la actividad del jurista desde la razón práctica esta guiada, además, por la pretensión de justicia.

k. Debilitamiento entre las fronteras entre el derecho y el no derecho.

l.   **La necesidad de justificar racionalmente las decisiones.**

m.   **La idea de que el derecho no solo es un instrumento para lograr objetivos sociales, sino también para incorporar valores morales.**

Lo trascendental de estos planteamientos estriba en el hecho de que ofrecen una nueva visión del derecho apropiada al modelo de un Estado constitucional y democrático de derecho,[44] y que, en el caso mexicano poco a poco se han venido posicionando de manera importante, con lo cual, nuevamente se ofrecen elementos para soportar la idea central de la comunicación.

Por razón de espacio, solamente me detengo en algunos de los rasgos anotados, y que por su naturaleza considero más relevantes.

1.   La importancia de los principios jurídicos

Este tema también evidencia la relación entre la transición democrática con la jurídica, a partir del reconocimiento, ponderación y aplicación de los principios

---

[44] ATIENZA, Manuel, *El sentido del derecho,* Ariel-Derecho, España, 2001, pp. 309-310.

democráticos, ya desde el ámbito jurisdiccional o desde la propia doctrina.

En términos generales los principios jurídicos se conciben como dispositivos principalmente de contenido económico, social, político y moral, con un carácter programático y encaminados a la realización de determinados fines, por lo que su proyección dentro del sistema jurídico debe ser lo más amplia posible. Así, para Hart existen dos rasgos importantes para la distinción de los principios: su naturaleza general y su carácter deseable como propósitos y fines; mientras que para la doctrina mexicana en voz de Jaime Cárdenas son guías que alumbran las finalidades del Derecho y que en consecuencia obligan a los operadores jurídicos, particularmente a los jueces a tomar posición sobre el Derecho frente a la realidad, por lo que se sostiene con Zagrebelsky que en todo principio se sobreentiende el imperativo: *"tomarás posición frente a la realidad conforme a lo que proclamó."*[45]

Con la finalidad de precisar con mayor detalle el sentido de los principios, bien vale la pena en vía de contradicción destacar su distinción con las reglas jurídicas.

---

[45] Citado por CÁRDENAS GRACIA, Jaime, *Remover dogmas*, en *Cuestiones Constitucionales. Revista Mexicana de Derecho Constitucional,* Instituto de Investigaciones Jurídicas de la UNAM, enero-junio 2002, p. 46.

Al respecto Jaime Cárdenas Gracia plantea cinco variables: 1. Los principios se expresan mediante un lenguaje fluido, vago e indeterminado; 2. Los principios son más generales y se dirigen a las actitudes y no a los comportamientos; 3. Los principios son normas categóricas que no se vinculan a una condición y que por tanto, no conocen un ámbito específico de aplicación; 4. Son normas fundamentales que dan identidad al sistema jurídico; y, 5. Los principios se ponderan, por lo que en su aplicación no opera la subsunción. [46]

Por su parte Robert Alexy sostiene: *"El punto decisivo para la distinción entre reglas y principios es que los principios son mandatos de optimización mientras que las reglas tienen el carácter de mandato definitivo. En tanto mandatos de optimización, los principios son normas que ordenan que algo sea realizado en la mayor medida posible, de acuerdo con las posibilidades jurídicas y fácticas... Esto implica que los principios son susceptibles de ponderación y, además, la necesitan."*[47]

En síntesis, las reglas jurídicas principalmente ordenan, permiten o prohíben determinadas conductas que

---

[46] Véase. *Los principios y su impacto en la interpretación constitucional y judicial*, en *Memoria del VII Congreso Iberoamericano de Derecho Constitucional*, Instituto de Investigaciones Jurídicas de la UNAM, México, 2002, pp. 85-105.
[47] ALEXY, Robert, *El concepto y la validez del derecho*, segunda edición, Gedisa, Barcelona, 1997, p. 162.

en su momento se ajustan o no a determinados supuestos jurídicos, por lo que son normas de programación condicional, en tanto que los principios son normas de programación final en la medida de que prescriben la consecución de un fin que se tiene que perseguir.[48]

2.   La importancia de la interpretación jurídica

Otro tema central lo viene a constituir la interpretación jurídica que, ya no se limita a una posición pasiva, formalista y letrista, sino que va más allá.

El simple hecho de intentar precisar el concepto de la interpretación, es por si mismo incierto, pues como señala Manuel Atienza,[49] podemos referirnos tanto a la actividad como al resultado, igualmente desde el punto de vista del objeto plantea la ambigüedad del término, pues indica si solo será motivo de interpretación cualquier ente susceptible de poder ser interpretado, o solamente los textos lingüísticos, o los textos problemáticos que requieren de una aclaración. En este mismo sentido se pronuncian algunos otros autores, además de entender que la interpretación consiste en dotar de

---

[48] Véase. DE OTTO, Ignacio, *Derecho constitucional. Sistema de fuentes*, Ariel, Barcelona, 1999, p. 43.
[49] *Cuestiones judiciales,* Fontamara, México, 2004, pp. 74-75.

significado una expresión estableciendo o aclarando su contenido y alcances.

Para Ricardo Guastini: *"En sentido estricto, 'interpretación' se emplea para referirse a la atribución de significado a una formulación normativa en presencia de dudas o controversias en torno a su campo de aplicación... significa en pocas palabras: decisión en torno a l significado no de un texto cualquiera en cualquiera circunstancia, sino (sólo) de un texto oscuro en una situación dudosa"*,[50] mientras que en sentido amplio la interpretación se podrá verificar *"independientemente de dudas o controversias"*.

En lo esencial pareciera que la interpretación jurídica plantea tres problemas fundamentales. El primero es, quién interpreta, es decir el operador jurídico al cual es dable llevar a cabo esa labor interpretativa y particularmente precisar sus alcances vinculatorios. El segundo problema es, para qué se interpreta, esto es, cuál es el objetivo que se busca: reconstruir el contenido de una norma para determinar su alcance, aplicarla a un caso concreto, desentrañar el sentido de la norma, determinar sus límites, llenar vacíos legales o proporcionar seguridad jurídica. Por

---

[50] *Estudios sobre la interpretación jurídica,* Porrúa y UNAM, sexta edición, México, 2004, pp. 4-5.

último, el tercer problema es cómo se interpreta, es decir, bajo qué reglas se despliega la labor interpretativa.

Respecto a quién interpreta, realmente no existe mayor conflicto y se podría sostener que cualquier persona puede interpretar, en el ámbito jurídico lo puede ser un estudiante, un abogado postulante, un servidor público o un legislador, pero en donde sí debemos advertir que juega un papel principalísimo la interpretación jurídica, al grado de constituir una pieza fundamental en la consolidación de cualquier Estado social y democrático de derecho, es en la labor interpretativa de los jueces.

Y es que debe ser precisamente en el accionar de la judicatura, en donde tal vez con mayor profundidad deberá darse respuesta al segundo de los planteamientos: ¿para qué se interpreta? En efecto, no se trata de un asunto menor y sobre el cual existen variadas posiciones. Por ejemplo, en ese mundo interpretativo del juzgador y siguiendo a Manuel Aragón se tiene que, para Bierling lo fundamental es averiguar la voluntad del legislador. Para Heck, lo importante en la interpretación es la utilización como criterio principal el de la satisfacción de los intereses protegidos por el propio derecho. Para Burlon, Isay y Ehrlich, el juez tiene una capacidad creadora, aún cuando el propio Ehrlich con el tiempo reformularía y sostendrá que la interpretación deberá encontrar, para la norma, el sentido del instituto jurídico al que pertenece. Finalmente, Kelsen postulara que el interprete debe encontrar el significado de la norma con base en la estructura lógica en la que se inserta, considerando el sistema jurídico como algo lógico, cerrado, completo y capaz de dar respuesta a todos los casos que se le plantean.[51]

Por su parte, también se han establecido paradigmas interpretativos tales como: a) El dogmático racionalista en el que el juez es la boca del legislador; b) El irracionalista que sostiene la imprevisibilidad de las resoluciones; c) El político en cuanto que la interpretación del derecho es un instrumento de dominación; d) El dworkiano que para todo caso difícil existe y exige una respuesta; e) El funcionalista que se orienta a la contribución de la estabilidad y equilibrios sociales; f) El procedimentalista que atiende a reglas procesales; g) El dialéctico que construye un diálogo entre juez y partes para la búsqueda de la verdad; h) El hermenéutico en el que el juez construye la solución entre el caso y la norma jurídica; i) El analítico con varias respuestas a los problemas planteados; j) El prudencial retórico que destaca el papel de la ponderación.[52]

---

[51] ARAGÓN, Manuel, *Constitución, democracia y control*, Instituto de Investigaciones Jurídicas UNAM, México, 2002, pp. 150-151.
[52] Véase. VIGO, Rodolfo Luis, citado por CÁRDENAS GRACIA, Jaime, *Remover dogmas, op. cit.*, pp. 42-43.

Lo anterior nos lleva ineludiblemente al cómo interpretar, ello implica establecer qué pasos o reglas deberán seguirse en la actividad interpretadora en función a los paradigmas apuntados o al objetivo planteado por el juzgador. En este sentido Manuel Atienza sostiene que partiendo de las distintas teorías que predominan en la literatura jurídica contemporánea se puede hablar de dos corrientes: por un lado las teorías contrapuestas entre el formalismo y las escépticas o realistas; y por otro lado las subjetivistas que se oponen a las objetivistas.[53]

En el caso de las primeras, las teorías formalistas postulan que el intérprete lo que hace es descubrir el significado de un texto, mientras que los escépticos o realistas sostienen que el intérprete no descubre, sino que crea, decide. Cabe precisar que igualmente Atienza reconoce que en esta oposición existen teorías intermedias que en algunos casos reconocen que el intérprete descubre significados, y en otros construye.

Por su parte, en la oposición que presentan las teorías subjetivistas-objetivistas se establece que en el caso de las primeras lo que buscan es indagar la voluntad del legislador, mientras que en las objetivistas lo que se busca

---

[53] *Cuestiones judiciales, op. cit.*, pp. 82-83.

es determinar la voluntad de la ley. Igualmente está contraposición se puede observar desde los modelos intencionalistas y los constructivos, es decir, por un lado los que postulan la intención del legislador o aquellos -modelo constructivo- que sostienen que la interpretación no consiste en descubrir los motivos o intenciones de un autor, sino mostrar el objeto interpretado desde su mejor perspectiva. No obstante lo anterior, igualmente surgen posiciones eclécticas que reconocen por un lado la importancia de indagar sobre las voluntades, al tiempo que consideran como igualmente importante proyectar el objeto interpretado a su máxima ponderación.

Otra forma de medir las oposiciones referidas pudiese verificarse desde la perspectiva de los límites, pues mientras que, para el formalista no se debe crear nada nuevo fuera del Derecho previamente establecido, por lo que su labor es más cognoscitiva en cuanto que solamente aplica reglas preexistentes; para el escéptico o realista los límites no se encuentran preestablecidos por el Derecho, por lo que deberá crear reglas y justificarlas. En suma, para los formalistas el Derecho es el legislado, mientras que para los realistas es el interpretado.

Bajo la misma tesitura, mientras que para los subjetivistas o intencionalistas los límites son las voluntades y circunstancias personales del creador de la norma, para los objetivistas o constructivistas las fronteras no sólo se encuentran en las reglas interpretativas, sino en los objetivos y valores que dan sentido a esa labor y que conllevan a pugnar por lograr una máxima realización en la norma a interpretar.

Finalmente los formalistas privilegiaran métodos de interpretación gramaticales o semánticos, en tanto que los realistas buscaran configurar la interpretación bajo esquemas extrajurídicos, como políticos, económicos o éticos, entre otros. Por su parte los subjetivistas atenderán a métodos pragmáticos orientados a descubrir la voluntad del legislador, mientras que los objetivistas privilegiaran métodos teleológicos y valorativos.

Como se puede observar, el problema de la interpretación no es un asunto menor, particularmente cuando desciende de sus abstracciones teóricas al mundo de la realidad que respiramos día con día en el ámbito de la aplicación de la justicia.

En efecto, por un lado pareciera que originalmente es un problema de perspectiva que en gran medida dependerá de la posición que se guarde respecto al Derecho, por lo que para el positivista la interpretación formalista y subjetivista o intencionalista será la más importante; en tanto que para los iusrealista o iusnaturalistas la interpretación debe ser objetivista o constructivista y escéptica. Así pues, el cómo dependerá de la respuesta que se ofrezca al por qué y particularmente al para qué.

Lo que en todo caso se debe tener claro es que, la interpretación constituye una herramienta fundamental en la reformulación del Derecho dentro de una sociedad en una constante reconfiguración a la luz de diversos factores sociales, políticos, culturales y económicos.

Sin duda la ley no tiene un mero sentido cognoscitivo que se sostiene sobre la mera mecanicidad en su interpretación y aplicación, sino que va más allá en razón a la funcionalidad dentro de una sociedad políticamente organizada. Afortunadamente, en el caso mexicano paso a paso la doctrina judicial y la académica caminan hacía una coincidencia en cuanto al papel creador del Derecho por parte del juez, como un hacer activo,[54] creación que ciertamente se encuentra igualmente limitada por la propia racionalidad judicial a efecto de preservar el valor de la seguridad jurídica, y en la cual la ponderación toma un lugar

---

[54] Sobre constructivismo judicial, véase: BALAGUER CALLEJÓN, Maria Luisa, *La interpretación de la Constitución por la jurisdicción ordinaria*, Civitas, Madrid, 1990, pp. 52-66; así como, DE OTTO, Ignacio, *Derecho constitucional…, op. cit.*, pp. 284-303.

fundamental. En última instancia habrá que destacar que la labor aplicativa del derecho lo ubica entre los valores de la norma y la realidad que se le presenta, por lo que en ese espacio lleva a cabo una actividad modeladora de la vida social.

Al final del día, como lo sostienen diversos tratadistas como Jersy Wroblewsky, la inclinación sobre una posición u otra, así como la adopción de un modelo específico de interpretación se encontrará determinada en gran medida por *la ideología del intérprete.*

3.   La necesidad de justificar racionalmente las decisiones.

Otro tema central de los nuevos tiempos jurídicos que respiramos dentro de un contexto de mayor apertura democrática, tiene que ver con la motivación de las decisiones judiciales.

En efecto, superada la visión de Montesquieu de que, el juez es únicamente la boca que pronuncia las palabras de la ley, y aceptado el activismo judicial que hoy en día nos lleva a la afirmación de que el poder judicial a través de la interpretación jurídica y en sus resoluciones también produce derecho, ha surgido un interés creciente por la actividad jurisdiccional, y en ello no hay nada de novedoso.

Manuel Atienza, también replantea lo que él define como pragmatismo jurídico, de cuyos postulados, en este momento me interesa destacar los siguientes: el debilitamiento de los discursos descriptivos, la argumentación como un proceso conformador del derecho, el rechazo a concepciones demasiado abstractas del derecho, la visión instrumental y finalista de éste, así como la importancia de la práctica como medio de conocimiento y, todo ello, asumiendo que el derecho es una institución volcada a la resolución de conflictos.

Estos aspectos suponen al mismo tiempo, la necesidad de redefinir algunos de los términos en que se sustentan las relaciones entre los ciudadanos y sus entes públicos, particularmente el judicial.

De esta forma, tanto el seguimiento académico, como el de los actores políticos sobre la actividad de los jueces, adquiere una dimensión distinta, pero no por ello menos importante, particularmente cuando se entiende que, desde la doctrina judicial, por lo menos en el ámbito electoral, constantemente se viene reelaborando la norma jurídica, como producto de la labor (re)interpretativa del juez, dotando con ello, de un nuevo significado y rumbo al entramado jurídico-electoral, y que para efectos prácticos simplemente se traduce al permanente replanteamiento de las reglas del juego político-electoral.

Pero por otra parte, también se debe reconocer que, la propia autoridad jurisdiccional, sabedora de que su legitimación se encuentra en las decisiones que en el día a día va tomando, acepta y provoca someterse al escrutinio ciudadano y académico, alentando debates en torno a sus decisiones, abriendo canales y construyendo espacios institucionales con esa finalidad, lo cual, al final del día se muestra como una muy buena evidencia del proceso de modernización democrática que respiramos.

Lo anterior, inevitablemente nos acerca, por supuesto para bien, a la idea de la función *extraprocesal* de la motivación en lo particular, y de la sentencia en lo general,[55] es decir, de ese control democrático que, en manos de la opinión pública se puede ejercer sobre el ejercicio del poder judicial que dimana del pueblo.

En el mismo sentido se manifiesta Michele Taruffo,[56] quien sostiene:

---

[55] Ezquiaga Ganuzas, Francisco Javier, *La argumentación interpretativa en la justicia electoral mexicana,* Tribunal Electoral del Poder Judicial de la Federación, México, 2006, pp. 22-23.
[56] *Cinco lecciones mexicanas: Memoria del Taller de Derecho Procesal,* México, Tribunal Electoral del Poder Judicial de la Federación, 2003, pp. 13-14.

En Italia, por lo menos, los jueces pronuncian en nombre del pueblo sus sentencias… Pues, a ese pueblo, en nombre del cual se ejerce el poder, el juez debe rendir cuentas y explicar por qué procedió en cierta forma… La responsabilidad política del juez aparece en el momento en que la sentencia se dirige a la comunidad, no al juez de impugnación… La garantía está en la posibilidad de que se efectúe un control… permite simplemente la posibilidad de hacerlo. Pero en el plano de los esquemas políticos o de las formas de organización del poder, basta hacer que las justificaciones de las sentencias tengan posibilidad de ser verificadas críticamente fuera del ambiente restringido del sistema de impugnaciones. Es sobre eso que el juez va a asumir una responsabilidad, que no es solamente una responsabilidad de carácter técnico… [por lo que] hay que hacer que los jueces, que pretenden someterse a un control –aunque sea potencial- de este tipo, hagan el esfuerzo de ser controlables a partir del lenguaje que utilizan.

Y más aún. A partir de las razones que sustentan su decisión.

Visto así, nuevamente a vuelo de pájaro, estos factores pueden ayudar a explicar en buena medida el interés creciente en el análisis de las sentencias dictadas por el poder judicial, incluida por supuesto la jurisdicción electoral.

A partir de los tres temas abordados, tengo el convencimiento de que, lisa y llanamente se justifica suficientemente la tesis de que, junto a los cambios democráticos, se han suscitado transformaciones jurídicas importantes.

III. La justicia electoral mexicana

En este apartado, buscaré plasmar en un plano más específico y concreto, el papel de la jurisdicción electoral en los cambios democráticos, y para ello, seguiré brevemente las dimensión político institucional apuntada por Fix Zamudio y por López Ayllón, es decir, me centraré en criterios del Tribunal Electoral del Poder Judicial de la Federación que han formado parte del proceso de apertura democrática.

Evidentemente, por razón de espacio dejaré de lado cuestiones históricas y de diseño institucional.

Sin embargo, aunque sea de pasadita valga decir que, históricamente, desde la Constitución de Cádiz de 1812, hemos cruzado de un sistema autocalificativo prominentemente político a uno heterocalificativo de corte jurisdiccional respecto a la calificación de las elecciones; igualmente hemos transitado de elecciones organizadas por los gobiernos locales y federales, a una ciudadanización de los órganos electorales; así mismo hemos pasado de soluciones políticas de los conflictos electorales a formas administrativas y jurisdiccionales; hemos corrido de la ausencia de mecanismos de resolución de controversias a la construcción de un sólido sistema impugnativo; hemos caminado de elecciones indirectas a elecciones directas y universales; y asimismo hemos pasado de una acotación a los derechos políticos a una ampliación sobre los mismos.

En relación con el diseño institucional, baste decir que actualmente la justicia electoral busca garantizar que todos los actos y resoluciones de las autoridades electorales federales y locales se sujeten invariablemente a los principios de constitucionalidad y legalidad; dar definitividad a las distintas etapas de los procesos electorales, y proteger los derechos político-electorales del ciudadano de votar, ser votado y afiliarse libre y pacíficamente para tomar parte en los asuntos políticos del país.

Con este modelo integral de justicia electoral, en palabras de Fernando Ojesto Martínez Porcayo, se patentiza la aspiración de que: *"la judicialización de la política que se ha venido dando en nuestro país, … constituye la materialización de una legítima aspiración de la sociedad y principalmente de los actores políticos, para someter al imperio de la ley, a través de los tribunales judiciales, las controversias que se susciten con motivo de los comicios electorales".*

Lo anterior, sin desconocer el papel también de la Suprema Corte de Justicia de la Nación en la configuración del sistema electoral mexicano,[57] como la influencia de la justicia internacional encabezada por la Comisión Interamericana de Derecho Humanos y la propia Corte Interamericana de Derechos Humanos.

Así, con la finalidad de mirar con un poco de mayor puntualidad los avances en la justicia electoral, pero particularmente su papel en el proceso democratizador de nuestro país, llámese de consolidación o de modernización democrática, y así robustecer la tesis de la transición jurídica en la democracia, permítaseme referir algunos asuntos o controversias presentadas ante el Tribunal Electoral del Poder Judicial de la Federación que, por los criterios sustentados, son muestra fehaciente de mis afirmaciones.

Por razón exclusivamente de método, primero mencionare los criterios de la tercera época, y

---

[57] Del Río Salcedo, Jaime, *La Suprema Corte de Justicia de la Nación en la configuración del sistema electoral mexicano*, México, 2010, inédito.

posteriormente los de la época actual.

En este sentido, estoy convencido de que la tercera época fue de un gran impulso para la justicia electoral, y que específicamente fue integrada por los Magistrados Leonel Castillo González, José Luis de la Peza Muñoz Cano (q.e.p.d.), Eloy Fuentes Cerda, Alfonsina Berta Navarro Hidalgo, José Fernando Ojesto Martínez Porcayo, José de Jesús Orozco Henríquez, Mauro Miguel Reyes Zapata y José Alejandro Luna Ramos. Los criterios destacados son:

   a. Competencia del Tribunal Electoral del Poder Judicial de la Federación para conocer de impugnaciones en contra de actos formalmente administrativos, pero materialmente electorales.[58]
   b. El derecho de acceso a la información y los partidos políticos, y con ello, la trasparencia y la rendición de cuentas de esos entes políticos.[59]

---

[58] ACTOS MATERIALMENTE ADMINISTRATIVOS DE ORGANIZACIÓN O CALIFICACIÓN DE COMICIOS LOCALES. SON IMPUGNABLES ANTE EL TRIBUNAL ELECTORAL DEL PODER JUDICIAL DE LA FEDERACIÓN. (Tesis S3ELJ 02/2001). AUTORIDAD RESPONSABLE. TIENE TAL CARÁCTER AQUÉLLA QUE EN EJERCICIO DE UNA ATRIBUCIÓN PREVISTA EN LA LEY, DESIGNA A LOS INTEGRANTES DE UN ÓRGANO ELECTORAL LOCAL, DE CARÁCTER ADMINISTRATIVO O JURISDICCIONAL. (Tesis S3ELJ 03/2001).
[59] DERECHO A LA INFORMACIÓN EN MATERIA POLÍTICO-ELECTORAL. ALCANCES JURÍDICOS DE LA PRERROGATIVA DE LOS CIUDADANOS PARA CONOCER DATOS QUE OBREN EN LOS REGISTROS PÚBLICOS RELATIVOS A LOS PARTIDOS POLÍTICOS. (Tesis S3ELJ 58/2002); y DERECHO DE ACCESO A LA INFORMACIÓN PÚBLICA EN MATERIA ELECTORAL. CONTENIDO Y ALCANCE. (Tesis S3EL 038/2005).

c. Los partidos políticos como autoridades responsables, y por tanto la apertura a la revisión judicial de los actos intrapartidistas y la tutela de los derechos políticos fundamentales de los militantes partidistas.[60]

d. La inoponibilidad del secreto bancario al Instituto Federal Electoral en ejercicio de sus facultades de fiscalización, lo que consolidó el administrativo sancionador electoral, así como la revisión y fiscalización de los recursos públicos otorgados a los partidos políticos.[61]

e. El reconocimiento y aplicación garantista de los principios constitucionales en materia electoral.[62]

f. La impugnabilidad de los mecanismos de democracia directa.[63]

g. Los elementos mínimos que deben observar los estatutos de los partidos políticos para considerarlos democráticos.

---

[60] JUICIO PARA LA PROTECCIÓN DE LOS DERECHOS POLÍTICO-ELECTORALES DEL CIUDADANO. PROCEDE CONTRA ACTOS DEFINITIVOS E IRREPARABLES DE LOS PARTIDOS POLÍTICOS. (Tesis S3ELJ 03/2003).
[61] SECRETO BANCARIO. ES INOPONIBLE AL INSTITUTO FEDERAL ELECTORAL EN EJERCICIO DE FACULTADES DE FISCALIZACIÓN. (Tesis S3ELJ 01/2003).
[62] ELECCIONES. PRINCIPIOS CONSTITUCIONALES Y LEGALES QUE SE DEBEN OBSERVAR PARA QUE CUALQUIER TIPO DE ELECCIÓN SEA CONSIDERADA VÁLIDA. (Tesis S3EL 010/2001).
[63] PLEBISCITO Y OTROS INSTRUMENTOS DE DEMOCRACIA DIRECTA. PROCEDE SU IMPUGNACIÓN A TRAVÉS DEL JUICIO DE REVISIÓN CONSTITUCIONAL ELECTORAL. (Tesis S3EL 018/2003).

h. Posiciones garantistas y protectores en relación con las normas procesales para los pueblos y comunidades indígenas.[64]

Antes que otra cosa, lo valioso de estos criterios se puede medir por un hecho interesante: a la fecha ya han sido incorporados a la legislación electoral, es decir, primero surgieron de la doctrina judicial, y hoy ya forman parte de la normativa electoral

Con respecto a los criterios importantes de la época que transcurre y que es la cuarta, destacan:

a. El hecho de que la interpretación y aplicación de los derechos fundamentales de carácter político-electoral, no debe de ser restrictiva.[65]

b. Que el análisis de la legitimación activa de las comunidades indígenas debe ser flexible.[66]

c. La tutela del derecho de réplica en materia electoral.[67]

---

[64] PUEBLOS Y COMUNIDADES INDÍGENAS. LA INTERPRETACIÓN DE LAS NORMAS PROCESALES DEBE HACERSE DE LA FORMA QUE LES SEA MÁS FAVORABLE. (Tesis S3EL 047/2002).

[65] DERECHOS FUNDAMETNALES DE CARÁCTER POLÍTICO-ELECTORAL. SU INTERPRETACIÓN Y CORRELATIVA APLICACIÓN NO DEBE SE RESTRICTIVA.

[66] COMUNIDADES INDÍGENAS. EL ANÁLISIS DE LA LEGITIMACIÓN ACTIVA EN EL JUICIO PARA LA PROTECCIÓN DE LOS DERECHOS POLÍTICO-ELECTORALES DEL CIUDADANO, DEBE SER FLEXIBLE POR LAS PARTICULARIDADES DE SUS INTEGRANTES.

d. El que los servidores públicos gozan de su derecho a la libertad de expresión y de asociación, por lo que su asistencia a actos partidistas los días inhábiles no viola la ley.[68]

e. El reconocimiento para que las autoridades electorales locales puedan impugnar actos de la autoridad electoral local.[69]

f. El reconocimiento del principio de presunción de inocencia en el derecho administrativo sancionador.[70]

g. La tutela constitucional de la honra y reputación dentro de un proceso electoral, en relación con la libertad de expresión.[71]

h. La propia maximización del derecho de libertad de expresión en el debate público.[72]

Sin duda, las anteriores referencias tan solo son una parte del bagaje jurídico producido por el Tribunal Electoral y

---

[67] DERECHO DE RÉPLICA. SE TUTELA A TRAVÉS DEL PROCEDIMEINTO ESPECIAL SANCIOANDOR.
[68] ACTOS DE PROSELITISMO POLÍTICO. LA SOLA ASISTENCIA DE SERVIDORES PÚBLICOS EN DÍAS INHÁBILES A TALES ACTOS NO ESTÁ RESTRINGIDA EN LA LEY. XVII/2009
[69] AUTORIDADES ELECTORALES LOCALES. ESTÁN LEGITIMADAS PARA INTERPONER EL RECURSO DE APELACIÓN. V/2010.
[70] AUTORIDADES ELECTORALES LOCALES. ESTÁN LEGITIMADAS PARA INTERPONER EL RECURSO DE APELACIÓN. XLIII/2008.
[71] HONRA Y REPUTACIÓN. SU TUTELA DURANTE EL DESARROLLO DE UNA CONTIENDA ELECTORAL SE JUSTIFICA POR TRATARSE DE DERECHOS FUNDAMENTALES QUE SE RECONOCEN EN EL EJERCICIO DE LA LIBERTAD DE EXPRESIÓN. 1472007.
[72] LIBERTAD DE EXPRESIÓN E INFORMACIÓN. SU MAXIMIZACIÓN EN EL CONTEXTO DEL DEBATE POLÍTICO. 11/2008

sobre el cual se destacan dos cuestiones principales: frente a la ambigüedad y silencio de la norma, la palabra del juzgador ha venido a dar -en varios aspectos- sentido y rumbo al derecho electoral, y con ello a nuestra democracia; en tanto que, la modelación de la vida social y política igualmente corre a cargo del operador jurídico a partir de la interpretación acompañada entre la realidad que vivimos y la norma jurídica prescrita, lo que reafirma esa visión del derecho como argumentación.

En efecto, se dice que todo operador jurídico (juez, legislador, estudiante, catedráticos, doctrinarios) reinterpreta el orden jurídico existente a partir del debate y confrontación de sus ideas, de su forma de entender al derecho y de su manera de interpretarlo, y mediante las cuales se develan sus ideas fundamentales.

En estos casos, baste señalar -en razón al espacio- que las evidencias mostradas permiten arribar al convencimiento que, desde estos enfoques, el cambio democrático visto desde la óptica política, ha ido de la mano de una transición jurídica, y que ha puesto en el centro del nuevo impulso y de la redefinición del sistema, a los principios constitucionales en materia electoral.

IV. Un enfoque desde Michoacán

Asimismo, esta tendencia se ha trasladado a la jurisdicción electoral local, por lo menos hasta el Tribunal Electoral del Estado de Michoacán.

Invocando de nueva cuenta el argumento del espacio, telegráficamente veamos algunos criterios sustentados por ese órgano jurisdiccional, y que por su contenido y alcances, también sirven de evidencia para constatar la forma en que han permeado los cambios jurídicos a que me he venido refiriendo.

a. La garantía de que todos los actos de autoridad son impugnables, entre ellos, los del Secretario General del Instituto Electoral de Michoacán. (TEM-RAP-31/2007).

b. Por supuesto la configuración de la denominada causa de nulidad de elección por violación de principios constitucionales que, a la postre habría de ser retomada por otras instancias jurisdiccionales, pero sobre todo, lo que implicó un control constitucional desde un tribunal local. (TEM-JIN-49/2007 y su acumulado).

De las resoluciones emitidas en 2010 por el Magistrado Jaime del Río Salcedo destacan:

a. La clarificación de la estructura del régimen administrativo sancionador electoral, conforme a la normativa del Estado de Michoacán, así como la figura de los *tipos compuestos* en el ámbito del derecho administrativo sancionador electoral, como referente importante en la tutela de los principios democráticos. (TEM-RAP-3/2010)

b. La aplicación del principio *pro persona,* el cual permite superar el debate respecto de la jerarquía de normas, pues tiene como finalidad la tutela efectiva de los derechos fundamentales en el procedimiento administrativo sancionador electoral previsto en la normativa de Michoacán. (TEM-RAP-5/2010)

c. Una sentencia que, sin duda, refleja lo que se ha sostenido en cuanto a la posibilidad de los jueces de producir derecho, es la TEEM-RAP-7/2010 en la cual, para arribar a la convicción de que la autoridad administrativa electoral de Michoacán puede y debe emitir medidas cautelares como una formalidad esencial del procedimiento, el resolutor construyó la premisa jurídica de su decisión, sobre la base de precedentes judiciales, lo que confirma, insisto, que el derecho también se produce desde los tribunales.

De esta forma, también existe muestra clara que, desde la jurisdicción local se han emprendido esfuerzos importantes a favor del proceso democratizador, sobre la base de varias de las ideas que se han esbozado a lo largo de esta comunicación.

V.   Comentarios finales

Por último en la línea reflexiva trazada, bien valen algunas consideraciones en torno a uno de los pensamientos jurídicos más influyentes en nuestro país, y que por su contenido, constituyen argumentos adicionales a favor de a tesis que se sostiene en la presente comunicación, particularmente a partir de su idea de la democracia sustantiva, es decir, la democracia de los valores y de los contenidos.

En efecto, Luigi Ferrajoli señala que, el cambio del Estado de derecho hacia el Estado constitucional se presenta en varias facetas y así sostiene que en el nuevo Estado de la posguerra todo se sujeta a la ley pero desde sus contenidos, por lo que ahora la validez de la norma se determinará también en la medida de que sean coherentes con los principios constitucionales. Por otra parte, igualmente se presentan cambios en la relación del derecho y la política, por lo que ahora *"... es la política la que debe ser asumida como instrumento para la actuación del derecho y de los principios y derechos fundamentales inscritos en ese proyecto, tanto jurídico como político, que es la Constitución".*[73]

Asimismo sostiene que, el cambio también se da en el plano de la teoría política en cuando a la nueva manera de ver a la democracia que ya no sólo consiste en mirarla desde un plano político, sino que ahora contiene una dimensión inherente que le imponen los principios constitucionales *"condicionando su validez sustancial a la garantía de los derechos fundamentales de todos".*

Reflexionado sobre el nuevo constitucionalismo desde un sentido material, y particularmente desde su carácter fundacional, resulta por demás sugerente el pensamiento de Peter Häberle cuando señala que, en una sociedad constitucional no sólo debe hacerse referencia exclusiva al esqueleto de las normas, sino que también deben ser incluidas *"la cultura y al ambiente político (D. Schindler), las opiniones y prácticas, que no son jurídicas en*

---

[73] FERRAJOLI, Luigi, *El papel de la función judicial en el Estado de derecho*, en *Jurisdicción y argumentación en el Estado constitucional de derecho*, Universidad Nacional Autónoma de México, México, 2005, p. 92.

sentido estricto, en la 'sociedad' constitucional",[74] incluso va más allá y sobre el contenido de la Constitución rescata que ésta no solo tiene un sentido jurídico para conocimiento propio de los juristas, *"[...] sino que actúa esencialmente también como guía para los no juristas: para el ciudadano la Constitución no es sólo un texto jurídico o un 'mecanismo normativo', sino también expresión de un estadio de desarrollo cultural, medio para la representación cultural del pueblo ante sí mismo, espejo de su patrimonio cultural y fundamento de sus esperanzas"*,[75] por lo que sostiene que el Estado constitucional debe conceder al ser humano un *"quantum* de utopía", en la medida de que los textos constitucionales *"normen esperanzas"*.

En este sentido y en la gestación de esas esperanzas, es indudable que el papel de la democracia es fundamental, por lo que viene a ser el referente principal del Estado constitucional ya que para algunos autores como Manuel Aragón, la democracia es por si misma el principio legitimador y de validez de la Constitución,[76] particularmente en cuanto expresión del soberano.

También habrá que recordar que incluso la propia

---

[74] HÄBERLE, Peter, *El Estado constitucional,* Instituto de Investigaciones Jurídicas de la Universidad Nacional Autónoma de México, México, 2001, p. 4.
[75] Ibid., p. 5.
[76] ARAGÓN, Manuel, *Constitución, democracia y control,* Universidad Nacional Autónoma de México, México, 2002, pp. 11-78.

democracia –como sostiene Ferrajoli- ha requerido de una resemantización en el sentido de que su importancia ya no se circunscribe al ámbito de lo estrictamente electoral o político, sino que va más allá, y en ese contexto se ubica la llamada democracia social o la democracia sustantiva, es decir, aquella que se visualiza como una herramienta para la realización de valores, o más puntualmente, aquella que respeta y garantiza los derechos humanos fundamentales.

Por tanto, puedo concluir con la firme convicción de que, en buena parte la salud de un régimen democrático se mide a partir de la tutela eficaz de los derechos humanos fundamentales y de la cultura jurídica que se vive en esa sociedad.

Y en ese camino nos encontramos, con un buen trecho por recorrer. Al tiempo.

VI. Fuentes de consulta

Bibliográficas

Alexy, Robert. 1997. *El concepto y la validez del derecho.* Barcelona: Gedisa.

ANSOLABEHERE, Karina. 2005. *Suprema Corte: Arbitro sin*

contrapesos, en Revista Nexos, Número 329. México.

Aragón, Manuel. 2002. *Constitución, democracia y control.* México: Instituto de Investigaciones Jurídicas UNAM.

Atienza, Manuel. 2005. "El Derecho como Argumentación" en *Jurisdicción y argumentación en el Estado constitucional de derecho.* México: Universidad Nacional Autónoma de México.

_____. 2005. *El Derecho como Argumentación.* México: Fontamara.

_____. 2001. *El sentido del derecho.* España: Ariel-Derecho.

Bidart Campos, Germán J. 2003. *El derecho de la Constitución y su fuerza normativa.* México: Universidad Nacional Autónoma de México.

Cárdenas Gracia, Jaime. 2002. *Remover dogmas,* en *Cuestiones Constitucionales. Revista Mexicana de Derecho Constitucional.* México: Instituto de Investigaciones Jurídicas de la UNAM.

Carrillo, Marc. 1995. *La tutela de los derechos fundamentales por los tribunales ordinarios.* Madrid: Centro de Estudios Constitucionales.

Cossio, Villegas, José Ramón. 2000. *Dogmática constitucional y régimen autoritario,* segunda edición. México: Fontamara.

De Otto, Ignacio. 1999. *Derecho constitucional. Sistema de fuentes,* Barcelona: Ariel.

Del Río Salcedo, Jaime. 2010. *La Suprema Corte de Justicia de la Nación en la configuración del sistema electoral mexicano.* México: inédito.

Ezquiaga Ganuzas, Francisco Javier. 2006. *La argumentación interpretativa en la justicia electoral mexicana.* México: Tribunal Electoral del Poder Judicial de la Federación.

Ferrajoli, Luigi. 2005. *El papel de la función judicial en el Estado de derecho,* en *Jurisdicción y argumentación en el Estado constitucional de derecho.* México: Universidad Nacional Autónoma de México.

García de Enterría, Eduardo. 1994. *La Constitución como norma y el Tribunal Constitucional,* tercera edición, Madrid: Civitas.

Häberle, Peter. 2001. *El Estado constitucional.* México: Instituto de Investigaciones Jurídicas de la Universidad Nacional Autónoma de México.

Nieto Castillo, Santiago. 2003. *Interpretación y argumentación jurídicas en materia electoral. Una propuesta garantista.* México: Instituto de Investigaciones Jurídicas UNAM.

Taruffo, Michele. 2003. *Cinco lecciones mexicanas: Memoria del Taller de Derecho Procesal.* México: Tribunal Electoral del Poder Judicial de la Federación.

Zagrebelsky, Gustavo. 2005. *Historia y constitución.* Madrid: Trotta.

SOBRE LOS AUTORES

Teresa Maria Geraldes Da Cunha Lopes
Profesora-Investigadora de la UMSNH, adscrita a la Facultad de Derecho y Ciencias Sociales y al Centro de Investigaciones Jurídicas y Sociales. SIN I, Perfil PRODEP. Presidenta Academia de Sistemas Jurídicos Comparados . Coordinadora del Cuerpo Académico "Derecho, Estado y Sociedad Democrática", UMSNH 210 CA tdacunhalopes@gmail.com

Alejandro Díaz Pérez
Licenciado en Derecho,UMSNH. Máster en Gobernanza y Derechos Humanos, Universidad Autónoma de Madrid, España. Especialista en Derechos Humanos y Máster en Derecho Constitucional, Universidad de Castilla-La Mancha, España. Ex visitante profesional en la Corte Interamericana de Derechos Humanos. Twitter: @AlexDiaz_1

Ricardo García Mora
Profesor- Investigador de la UMSNH. Maestría en Derecho. Doctorado en Derecho. Perfil PRODEP. Director de DECISO

Ignacio Hurtado Gómez
Profesor- Investigador de la UMSNH. Maestría en Derecho . Ex Presidente del Tribunal Electoral del Estado Libre y Soberano de Michocán de Ocampo. Columnista